HIGHLY
EFFICIENT
PROJECT
MANAGEMENT

結果を出す チームのリーダーが やっていること

NECで学んだ
高効率プロジェクトマネジメント

株式会社リーダーズクリエイティブラボ
代表取締役CEO
五十嵐 剛

すばる舎

はじめに

はじめまして、五十嵐剛と申します。

多くの本のなかから、本書を手に取っていただいてありがとうございます。

私は、最近では「ＪＴＣ（Japanese Traditional Company）」と呼ばれることもある「伝統的な日本の大企業」、その代表格の一つであるＮＥＣ（日本電気株式会社）で、定年までの36年間のサラリーマン人生を勤め上げました。

最初は関連会社からの本社転籍で、一兵卒からのスタートでした。

尊敬できる先輩方からの指導や、さまざまな経験を経て、もっとも多いときには１０００人以上の仲間を率いる立場を長年経験してきました。

ある中央官庁の大規模基盤システムの開発・運用という巨大プロジェクトでは、プロジェクトリーダーを任され、トラブルの火消しに飛び回りつつなんとかプロジェクトを成功に導きました。サラリーマン人生の後半では、主にＮＥＣ社内の組織開発に従事しました。

おかげさまで、ＮＥＣグループおよそ12万人のなかから、毎年１００人だけが選ばれるＮＥＣ社長賞を４回受賞しています。

手前味噌で大変恐縮なのですが、私が定年退職した２０２３年時点で、この賞を４回も受賞したのはＮＥＣ史上、私だけだったと聞いています。

本書はそんな私が、自身の36年間に及ぶサラリーマン経験から導き出した「**ビジネスリーダーとして成功するためのコツやノウハウ**」をわかりやすくまとめた本です。「**チームのメンバー（部下）の力を最大限に引き出し、成果につなげる方法論**」について書いています。

組織のなかでリーダーとして働く際、多くの人は

「自分でやったほうが早い！」

「誰かにこの仕事を任せたいけど、任せるための準備や説明が面倒！」
「メンバーの仕事の質が低くて、全然信頼できない！」
といった悩みを抱えています。

結果、**ついつい自分で仕事を抱え込んでしまいます**。

確かに、自分で手を動かしていると仕事をしている気になります。

またリーダーになるくらいですから、プレイヤーとしても優秀なので、それなりに高いクオリティで仕事をこなせます。

そうした事情もあって、このパターンに陥ってしまう人は非常に多いのです。

しかし、それは**チーム全体として見れば非効率の極み**としか言いようがありません。

しょせんは一人でこなせる業務量にすぎませんから、チームの力を発揮して、組織的に業務を進めることができた場合の成果に比べれば数分の1、あるいは数十分の1の成果にしかつながりません。

そうではなく、リーダーの一番の仕事はチームメンバーの「マネジメント」です。

つまりは**自分が任されているチーム全体で、最大の成果を得るための監督役**です。

決して目の前の仕事を自分で上手にこなすことではありません。頭の切り替えが必要です。


とはいえ、実はそう難しいことではありません。

この「あるべきリーダー」になるには、**なぞるべき「型」がある**からです。

型、つまりは一定のノウハウやコツを知り、マネすることで、誰でもある程度は「あるべきリーダー」に近づけます。

それらをつまびらかにするのが本書というわけです。

私がこの事実――「あるべきリーダー」となるには、ある程度なぞるべき「型」があること――に気づいたのは、50歳を超えてからでした。
時代背景もあり、それまではトップダウンでこと細かくメンバーに私が指示をするスタイルを続けていたのですが、あるプロジェクトを進めているときに壁にぶつかりました。

壁を超えるため、悩みつつ何度も試行錯誤した結果、ようやく気づいたのです。

・現場のメンバーの声を吸い上げ、仕事の進め方にそれらを反映するボトムアップなやり方のほうが、トップダウンの指示をする場合よりメンバーのモチベーションが上がること。

・メンバー一人ひとりに責任を持たせ、役割と権限を与えることで、メンバーは自分で考え、自ら動くようになること。

・多数のチームメンバー全員に指示を出すことをやめ、直接指示をする人数を限定することで、より効率的に組織が動くようになること。

エトセトラ、エトセトラ……。

なぜ、もっと早く気づかなかったのか、大いに後悔したものです。

ほんの少し工夫するだけで自分もぐっとラクになりますし、チーム全体がより楽しく、イキイキと仕事に邁進できる環境となり、その分、成果も上がっていきます。

私よりももっと早いうちから、一人でも多くの人にこの事実に気づいてほしいと考え、この本を書きました。

——想像してみてください。

あなたのチームメンバーが誰ひとり、あなたに逆らわずに言われたことをやっている姿と、あなたのメンバーが「だったらこうしたらよいのではないですか？」「もっとこうしたほうがうまくいくのでは？」などと、自由闊達に意見を言い合っている姿を。

あなたは、どちらがよいですか？

トップダウンでリーダーの指示どおりに動くチームは、組織としては機能しているように見えるかもしれませんが、リーダーの力を超えることはできません。

また、表面的には機能していても、リーダーやメンバーは達成感や生きがいを感じにくいでしょう。

一方で自由にいろいろと意見してくるチームは、一見まとまりがなく、統率が取れていないように思えるかもしれません。

しかし、それらはチームの目的を達成するための「こうしたらどうでしょう？」という提案なので、リーダー以上のアイデアが出てくる可能性があります。

何より、リーダーも、メンバー一人ひとりも、やりがいや達成感を感じられます。

本書を読んで、「あるべきリーダー」になるための「型」を学び、ぜひみなさんの職場やチームでも実践してみてください。

風通しがよく、メンバー全員が気持ちよく、効率よく働けるチームがきっと生まれるでしょう！

第1章 すぐマネできて機能的！「自働するチーム」のレシピ

第2章

リーダーは超ラク！
メンバーに「任せる」進捗管理

第3章

成果につながる！
風通しのよい雰囲気づくり

第4章

モチベを引き出す！ メンバーとのコミュニケーション術

第5章

グイグイ信頼される！リーダーの習慣

第6章

みんなが安心！ピンチを成長に変える「トラブル対応」

第1章

すぐマネできて機能的！

「自働するチーム」のレシピ

「仕事を抱え込むリーダー」を卒業する

リーダーは「**メンバー全員の力を引き出し、チームを成功に導くこと**」が役割です。

たとえばオーケストラの指揮者をイメージしてください。

指揮者は全体のバランスを見ながら、タクトや身振りを使い、適宜それぞれの演奏者に指示を出します。オーケストラ全員で最高の演奏ができるようにチームをまとめています。まさにリーダーです。

このとき、仮にバイオリンの演奏者の調子が悪く、指揮者が思い描いたような演奏ができなかったとしましょう。

不満に思った指揮者がバイオリニストから楽器を取り上げ、自分でバイオリンを弾き始めたら、その演奏は崩壊します。オーケストラのチームワークもガタガタになります。

バイオリニストは座ったまま手持ち無沙汰になりますし、ほかの楽器の演奏者も、全体のバランスを見つつリードしてくれる指揮者がいなくなるので細かいタイミングなどがズレてしまいます。まともな演奏はできません。

この指揮者のケースでは「そんなことをするリーダー、そうそういないよ！」と思うでしょうが、ビジネスの現場では、なぜか実に多くの人がこれと同じことをしてしまいます。

リーダーがチーム全体のバランスをチェックしたり、指示を出したり、全員をリードしたりする役割を放り出し、個々の担当者が行うべき仕事を取り上げて抱え込み、自分はそれに熱中してしまいます。

……心当たりがある方も、多いのではないでしょうか？

満足しているのはリーダーだけ

リーダーがメンバーの仕事に手を出すと、当たり前ですが本来の担当者は手を出せなくなり

ます。それにより「遊んでいる人材」が発生してしまいますし、手持ち無沙汰になっているあいだ、そのメンバーは成長することもできません。チームのほかのメンバーも、リーダーからの指示がもらえず困ってしまいます。

何か大きな問題が発生していて、その解決のために一時的に担当者を外してリーダーが代行するような場面であれば別ですが、そうでなければ、「上司による仕事の抱え込み」はもっとも避けるべき事態であるとまず認識しましょう。あえて言えば、**こういうことをしてしまうリーダーは「チーム全体のお荷物」になる危険性さえ抱えています**。

とはいえ、心配は無用です。私自身、長くそのようなお荷物型のリーダーでしたから、そうした行動をしてしまう人の気持ちはよくわかるつもりです。その解決策も用意しています。

早速、次項から詳しく見ていきましょう。

3秒でポイントチェック

リーダーが、本来メンバーがするべき仕事を抱え込んでしまうと、そのメンバーは成長できなくなるし、リーダーも本来するべき仕事ができなくなる。

数値目標を血の通った目標に変える

リーダーがチームの力を引き出すには、何が必要でしょうか？

あなたが何かをやる気になるときのことを考えれば、ヒントが得られます。


なぜやる気になるのか？

それをすると、あなたにとって何かよいことがある、と考えるからですね。たとえば「妻の喜ぶ顔が見たい」→「プレゼントを買う」といった具合です。

仕事も同じです。目の前の仕事を「なんのため」にやるのか？

この理由の部分に自分で納得できていなければ、それはただの「やらされる作業」になり、ちっともやる気が湧いてきません。

チームの場合も同様で、組織全体で効率よく成果を出すには、「なんのため」にその仕事をやり遂げるのか、その理由をメンバー全員が納得している必要があります。

そして、ここで言う「なんのために」の対象には、会社は営利組織ですから「販売数10件以上」「売上2000万円以上」「収益600万円以上」……といった「数字」がまずは入ります。

ただし、その数値でやる気になるのは管理職ぐらいです。チームのメンバーの大多数や、社外のビジネスパートナーにとっては、「数値目標達成のために！」ではなかなか自分事にならないことを認識すべきでしょう。

では、どうすべきか？

数字ではなく、その先にある理想や夢を共有すればよいのです。

スローガンの共有で一変！

ＮＥＣ時代、ある問題プロジェクトの立て直しを命じられたことがありました。

今だから言えますが、かなりひどい状態のプロジェクトで、毎月多くの赤字と不具合が発生していました。毎日、社内からもクライアントからも文句を言われ、出口も見えず、メンバーは全員、下を向いて疲れ切っていました。

テコ入れの責任者として投入された私には、当然ながら会社から、目標値として「赤字ゼロ」「障害密度コード１０００行当たり０・02件」などといった数字が与えられていました。

当初は私も、メンバーにこの数字を繰り返し言い聞かせ、なんとか実現を図ろうとしました。

……しかし、これがまったくと言っていいほど、メンバーの心に響かなかったのです！

数か月経っても赤字も不具合も変わらず、私は追い詰められることになりました。

「このままではまずい！　しかし、これまでと同じやり方では何も変わらないだろう……」

そう考えた私は、発想を変えてプロジェクトのメンバー全員と膝《ひざ》を突き合わせ、プロジェクトの現状を率直に伝え、現場のみんなの正直な声・提案・悩みを聞かせてほしい！　とお願いすることにしました。

このプロジェクトをどうやって改善したいのか、今後どうやって働いていきたいのか……メンバーと時間をかけて話し合い、その内容を以下のスローガンへと落とし込みました。

【自信と元気を取り戻そう！　——私たちはできる——】

思うように結果が出ず、関係者に叩かれる状況が続いたことで、自信を喪失していたメンバーが多くいました。そのため苦しい現状を脱して、楽しく、自己肯定感や有能感を持てるような状況で働けるようになることを望む人が多かったのです。

そうした理想・夢を短い言葉に落とし込んだのが右に示したスローガンでした。

説明的な長い文章に、人は共感できません。

また、ビジネスの現場では使いづらくもあります。

頭にすっと入ってきて、共感しやすく、標語などとしても掲げやすい短い言葉で夢や理想を表現し、その実現を当面の目標としてプロジェクト全体で共有することにしました。

このスローガンの効果は絶大で、メンバーやビジネスパートナーの仕事への向き合い方が一気に変わりました。

共通のスローガンができたことで、トップダウンで指示を出すリーダーと、言われた仕事をこなすメンバーという関係性ではなくなり、共通の夢や理想を追う「チームとしての一体感」が生まれたのです。

その後、数か月の時を経て、このプロジェクトは奇跡的な回復を実現しました。私自身のマネジメントの考え方にも大きな変化をもたらした、記憶に残る案件です。

ボトムアップで夢や理想を形にする

チームのメンバー一人ひとりのやる気を引き出すためにリーダーがまずすべきこと、それは、**目標の数値を示すのではなく、それら数字の先にある夢や理想を共有する**ことです。夢や理想はそのままでは共感しづらいので、**短くわかりやすいスローガンにして共有する**のがコツです。

スローガンを具体化するときには、メンバー全員の話をよく聴き、トップダウンではなくボトムアップで、メンバーが今本当に求めているものが何かをよく見極めてから決めるようにしてください。

3秒でポイントチェック

数値目標だけでは、メンバーの多くは「頑張る理由」をつくれずにやる気を失っていく。誰もが共感しやすいスローガンを掲げるのが有効だ。

ただの指示ではなく「役割指示」を与える

数値目標ではなく、その先にある理想や夢をスローガン化して共有すること。これができると、チームのメンバーが目指す方向性が一致し、一体感が出てきます。

そうしたら次にリーダーがすべきことは、**スローガンの実現に必要な「役割」を設定し、それぞれのメンバーに割り振る**ことです。

「役割」とは、チームのなかでリーダーがそれぞれのメンバーに果たしてもらいたいことです。たとえば「お客さまとの商談担当」「製品の大まかな設計担当」「よりよい製品へのつくり込み担当」「コスト管理担当」「外部メディアへの情報発信担当」といった仕事の割り振りです。

役職がついているメンバーであれば、「チームのまとめ役」という役割もありえますし、役職には関係なくコミュニケーション能力の高い人には「チーム内での潤滑剤役」を割り振ることもあります。オーケストラであれば、あなたはバイオリン、あなたはチェロ、あなたはクラリネットね、と楽器を決めていくイメージです。

こうしたチーム内での役割は、それぞれのメンバーがどんな分野で頑張ればいいのかを示すガイドラインとなります。**これらの役割を決めないままメンバーそれぞれが動くと、無駄が多くなり非効率的ですし、実際問題、チームがまともに機能しない**でしょう。

なお、チームを立ち上げるときからあなたがリーダーであれば、あなたの好きなように役割を割り振れますが、既存チームのリーダを引き継いだりしたときには、役割が先に振り分けられていることが多いでしょう。

この場合にも、新たにスローガンを掲げ、その先にある夢・理想の実現のために必要な役割を自分のなかでリストアップし、その割り振りに合わせて既存の役割分担を修正したり、調整したりすることをオススメします。そうしたほうが、一体感があって生産性が高いチームをつくれるからです。

「指示」と「役割指示」の違い

　さて、**各メンバーの役割が定まったら、それぞれの役割に求められている仕事をどう実現するか、その方法を指示します。**

　当面何をすべきかをただ指示するのではなく、それぞれのメンバーに割り振った役割を意識しながら、どの方向を向いて仕事をすればいいのか、あるいはより具体的にどんなふうに仕事をすればいいのか、相手のスキルや実力に応じて示すようにします。

　メンバーがまだ経験が薄い若手であれば「細かい指示」を出します。ベテランであれば、大きな方向性だけを示して、「細部はあなたに任せるから、経費関係だけは細か

指示
その場その場で、何をすべきかを部下に伝えること。

役割指示
それぞれの部下に割り振った「役割」を意識しながら、相手のスキルや実力に合わせて行う業務上の指示。相手が若手ならば具体的に。相手がベテランならば方向性を示す程度でもOK。

く報告してくれ」といった指示内容でもOKです。実力に応じてメンバーの裁量に任せる部分を増やしていくことは、教育や育成の面でも必要でしょう。

いずれにせよ、このようにメンバーの「役割」を意識しつつ与える業務上の指示のことを、私は単なる指示とは区別して「**役割指示**」と言っています。

チームを機能させるためには、リーダーがメンバーに対しただの指示をするのではなく、役割指示を与えることが欠かせません。

常にそれぞれのメンバーの役割（さらには、自分自身の役割）を意識することで、リーダーがついメンバーの仕事にまで手を出してしまったり、メンバーに振るべき仕事を抱え込んでしまったりすることを防げます。

メンバーの側でも、**業務範囲のかぶりが減って、より効率よく仕事を進められますし、何をすればいいのかが明確になるので迷うこともなくなります。**

加えて、スローガンの共有で夢や理想といった「目的」を共有しているチームでは、**メンバー各自の「役割」が明確になると、同時に一定の責任感も生まれてきます。**

責任と言うと重く感じるかもしれませんが、割り振られた役割はメンバーに適度な緊張感を与えてくれるものです。「求められている役割をなし遂げたい」と強いモチベーションにもつながり、メンバーが自分で考えるようになります。

自ら考え、自ら働く「自働性」が生じ、チームとしての底力が上がっていくでしょう。

指示を出すときは、常に「役割指示」になるよう意識すること。

これがチームの力を引き出すための鉄則の一つです。ぜひ実践してください。

3秒でポイントチェック

目指す夢や理想に応じて、チームのメンバーに役割を振り分ける。指示を出すときには、それぞれのメンバーに割り振った役割を常に意識すると、その指示は「役割指示」となってメンバーもよく応えてくれるし、自主性向上や生産性アップのメリットも期待できる。

「できること」と「やりたいこと」二つの重なる範囲に役割をつくる

私事ですが、仲間とワイワイ他愛ないことで飲むのが好きです。時間を忘れて飲み続けて、終電を逃したことも数え切れません。逆に自分が興味を持っていないことは、たった5分でも続けることができません。1、2分していると飽きてきてしまいます。

対象となることは違っても、みなさんも同じように感じることが多いのではないでしょうか？

「やりたいこと」や「好きなこと」は、誰に言われなくても時間を忘れるほど夢中になれ、それをしているあいだの充実感や満足感は大きいです。しかし、**「やりたくないこと」は苦痛でしかありません。**

実はこの「やりたいこと」と「やりたくないこと」の違いは、その本人の能力によって無意識に決まる、と私は思っています。

何かをしようとするとき、私たちは自分自身の能力を瞬時に見極めて、自分にそれを実現する能力があるか、あるいは、今はその能力がないけれど将来できる可能性がある場合に、**その「できること」を「やりたいこと」にします。**

逆に、自分はそれを現在も将来も実現できないだろうと判断した場合には、**その「できないこと」は興味の対象から無意識に外し、「やりたくないこと」にする**のです。

そして「やりたいこと」を何度か行って、実際に自分にそれを行う能力があることを確認すると、**それが「好きなこと」に変わります。**

逆方向の例を挙げれば、小さい頃は大リーグの選手になると言っていても、大人になるにつれほとんどの人は自分の運動能力や野球スキルを見極め、なんとなく無理そうだなと自分で見切りをつけ、いつのまにかその夢を口にしなくなります。思い当たるところがないでしょうか？

この心理的な特性は、科学的にもある程度証明されています。

自分の得意なこと、強みを活かすことに意識を集中している人は、そうでない人に比べて「生活の質が非常に高い」と報告する確率が3倍高く、仕事に積極的に取り組む確率も6倍高く、毎日の生産性も7・8％高い、とするギャラップ社の調査があります。

同じ調査では、「苦手なこと」での成果を「得意なこと」での成果と同レベルに引き上げるには、「得意なこと」の何十倍もの労力をかける必要がある、ともされています。そこまでしてやっと同レベルになるのですが、それでも失敗するケースが多いとのことです。

さらにもう一つ、**人が達成感や幸福感を感じる際、重要な要素は「自分が誰かの役に立っている」という実感**です。これも多くの人が経験的に理解していることでしょう。

私たちは誰かに何かをして喜んでもらい、「ありがとう」のひと言を言われたとき、大きな達成感や幸せ、生きている価値を感じます。こうした**達成感や幸福感をつくり出すのが「役割」です。**

何かを実現するために与えられた「役割」は、周囲の人がその人に期待している証《あかし》であり、社会的な存在意義そのものです。**リーダーがメンバーに「役割」を与えることは、メンバーに**

「社会的存在意義を与える」ことと同義なのです。

役割は狙って与える

これら3つの「人の心の動き方」を考えると、やる気を引き出すためにリーダーがどんなふうにメンバーと接すればいいのかがわかります。

リーダーが、メンバー一人ひとりの「できること」と「やりたいこと」が重なる範囲内に「役割」を与えることで、彼らのやる気は最大になります。それぞれを単純化すると、以下の関係です。

やりたいこと（Will）＝自己決定感
できること（Can）＝成長・発展
役割（Must）＝関連性

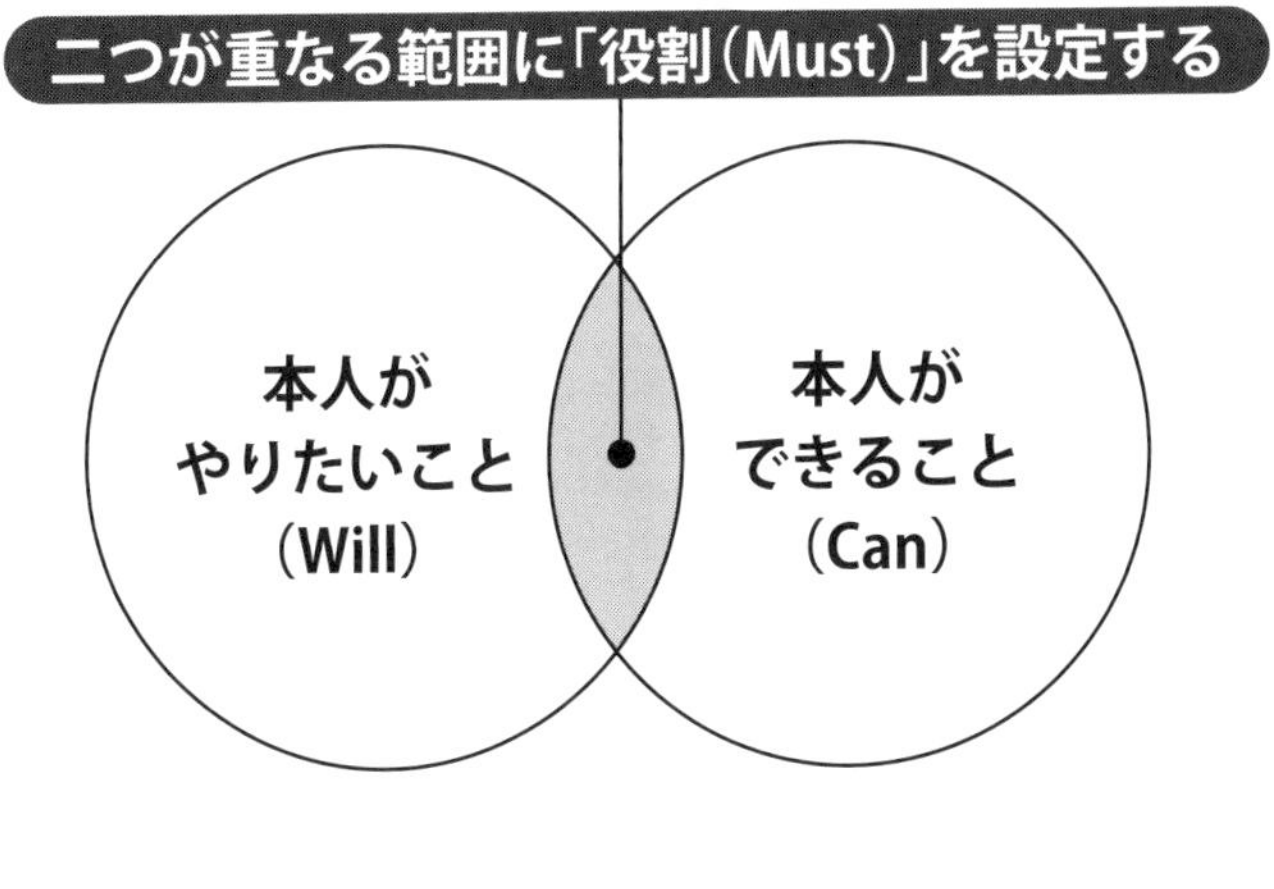

メンバーに役割を割り振るときには、この3つの要素を兼ね備えた形で割り振ることを意識しましょう。メンバーのやる気が最大になるはずです。

人は得意なことがやりたいことなので、夢中になって成果を出します。一方で、当たり前ですがイヤなことはやりたくないのです。

3秒でポイントチェック

「できること」が「やりたいこと」になり、最終的には「好きなこと」になる。メンバーの「できること」と「やりたいこと」が重なる部分で役割を設定してあげると、そのメンバーのやる気がMAXになる。

６Ｗ２Ｈを押さえ間違えようがない指示を出す

前項で、マネジメントにおいては「役割指示」が重要であることを指摘しました。ここではその「役割指示」をもう少し深く分解してみます。

「役割指示」をするときに必須なのが「**６Ｗ２Ｈ**」です。

一般的には次ページ図上の「５Ｗ１Ｈ」のほうがよく知られていますが、「６Ｗ２Ｈ」はこの５Ｗ１Ｈに「誰に（Whom)」と「いくら（How much)」を加えたものです（次ページ図下)。

５Ｗ１Ｈも重要ではあるのですが、追加の１Ｗ１Ｈこそがビジネスシーンでは重要です。

5W1H

W hen いつ？	**W hat** 何を？
W here どこで？	**W hy** なぜ？
W ho 誰が？	**H ow** どのように？

6W2H

W hen いつ？	**W hat** 何を？
W here どこで？	**W hy** なぜ？
W ho 誰が？	**H ow** どのように？
W hom 誰に？	**H ow much** いくらで？

さらに言えば、ビジネスに留まらず、私たちの存在意義そのものにも影響するポイントがこの2要素には含まれています。

誰のための仕事かを明確に

「誰に（Whom）」とは、「**誰のためにする仕事なのか？**」ということです。

この質問の答えには、ビジネスシーンではふつうクライアントが当てはまります。どんなに自分では頑張ったつもりでも、クライアントに喜ばれるもの、クライアントが求めているものでなければ、残念ながら仕事では目的を果たしたことになりません。

仕事にかぎらずプライベートでも、たとえば家庭で親御さんが食事をつくるのは家族のためです。親御さんが腕によりをかけて夕食にハンバーグをつくっても、子どもが偶然、お昼にハンバーグを食べてお腹いっぱいになっていたら、満足感は半減してしまいます。親御さんの頑張りは報われません。

メンバーに「役割指示」を与えるときにも、このWhomを意識して、つまり、誰のためにする仕事かをメンバーが自然に意識できるようにすることが重要です。

そうしないと、見当外れな方向性でメンバーが「頑張って」しまう危険性があるからです。

たとえば「このプログラムはクライアントであるA社のサービスで使うためのものだから、A社の環境で問題なく作動するようにしてくれよ」と、リーダーがWhomを作業の発注時に明示しておけば、メンバーがA社ではなくB社やC社の環境に最適化したプログラムをつくってしまうような失敗は防げます。

予算感の共有も必須

もう一つの「**いくら（How much）」は、まさに売価、原価、利益などのお金のこと**です。

いくら家庭で子どもを喜ばせたいとしても、親御さんが夕食で毎日、松坂牛やフォアグラを出していたら家計はすぐに破綻してしまいます。

同様に仕事上の取引でクライアントを喜ばせようと、常に売価以上にコストをかけていては、確かにクライアントには喜んでもらえるでしょうが、赤字ですから持続可能性がありません。企業として本末転倒です。

企業はボランティアではないので、利益を出すことが必須です。そのためには、この仕事を完了させるためにいくらまで投入できるか、最初の段階で予算感をメンバーに認識してもらうことが重要です。

「この仕事の経費は３０００万円までで抑えてくれ！」などと、リーダーが具体的に金額を指示するだけです。メンバーに「役割指示」を与える際には、予算感についても常にメンバー間で共有できるようにしておきましょう。

従来のいつ（When）、どこで（Where）、誰が（Who）、何を（What）、どのように（How）の５Ｗ１Ｈもきっちり押さえながら、誰に（Whom）といくら（How much）も必ず確定させる形で指示をするのが「役割指示」の鉄則というわけです。

３秒でポイントチェック

役割指示をするときには、６Ｗ２Ｈの要素をはっきり伝える。特に「誰のために（Whom）」と「いくら（How much）」の要素はビジネスシーンで重要なので、忘れずに明示する。

「ゴール」と「期限」で優先順位を示す

「役割指示」の具体的な要素として「6W2H」を説明しました。ただ、6＋2で8個も要素がありますから、これらすべてをフラットに伝えるのはあまりよくありません。

すべての項目が重要ですが、**クライアントやプロジェクトの目的によって優先順位をつける**必要があります。なぜなら、これらの8要素のなかには方向性が相反しているものもあり、優先順位をつけないとメンバーがどちらを優先すべきか迷ってしまうからです。

たとえば「今までにない高品質のシステム」(What)を「1か月で」(When)」つくってくれ、という指示をした場合、WhatとWhenの両方の条件を満たすことができれば最善ですが、現実的にどうしても両方の要求を満たせない、という場面が生じます。実際の仕事ではそうしたケースのほうがむしろ多いでしょう。

そうした状況で、WhatとWhenのどちらを優先すべきかを現場の判断だけに任せていると、判断の結果がリーダーや部署のそれとずれたときに問題になりかねません。

高品質なものをつくろうと思えばそれなりに時間が必要になりますし、時間を優先すれば品質が多少落ちてしまうことがあります。**要求の一部を満たせないときにどちらを選ぶべきか、あらかじめ決定して指示しておくのはリーダーの仕事**です。

もう一つ例を挙げれば、「戦略物件」と呼ばれるような案件――その仕事を成功させれば、新規クライアントからの今後の大きな受注につながる案件――であれば、通常は許容しない赤字でもゴーサインを出し、クライアントの満足度を最優先にするような経営判断がありえます。

そのようなときは、あらかじめリーダーが明確に指示しておかなければ、できるメンバーほど自社の黒字化を優先してベクトルがずれてしまいます。

一方で、日常的に発生する通常案件であれば、ときにはクライアントの過剰な要求をはねのけ、自社の黒字確保を最優先にする場合もあります。

案件ごとに仕事の優先順位は変わりますから、やはり、その優先順位をつけるのはリーダーの重要な役割と言えます。

この二つが守れていれば大体OK

優先順位はリーダーだけがわかっていても意味がありません。メンバーにも共通の認識を持たせる必要があります。**役割指示を出す際に「ゴール」と「期限」の2要素について明示することを意識すると、認識の統一に役立ちます。**

まず「ゴール」とは、誰が、どうなったら成功なのかです。

先ほどの戦略案件の例であれば、誰が＝「クライアントが」、どうなったら＝「次の案件も我が社に発注してくれることになった」ら成功です。

一方で通常案件ならば、誰が＝「自社が」、どうなったら＝「黒字になった」ら成功です。

それぞれの案件ごとに、リーダー自身が、あるいは会社が、どういう優先順位の設定をしているのかをメンバーにも必ず伝えるようにしましょう。

次に「期限」です。わかりやすく言えば、「いつまでにやらなければいけないか」、あるいは「納期」です。

最終的な納期ももちろん大切ですし、長期案件や中長期のプロジェクトでは、最終的な期限を中間期限やフェーズ終了期限、ターニングポイント期限などにブレイクダウンし、重要なポイントごとにあらかじめ中間的な締め切りを設定することもあります。

これらのうち、どれが絶対に守らなければならない期限で、どれがオーバーしてもリカバリーできる中間的な期限なのかをリーダーが事前に明示し、チームの認識にズレが生じないように注意しましょう。

3秒でポイントチェック

メンバーに役割指示を与えるときには、「ゴール」と「期限」の二つの組み合わせで優先順位を指定する。

直接指示するメンバーは7人まで

あなたは今、何人のメンバーを抱えていますか？

3人、5人、7人、10人、50人、100人……と人それぞれでしょう。会社の規模によってもこの人数は大きく変わるはずです。

私は、多いときで1000人以上のメンバーを抱えていました。少ないときで4人です。

1000人ものメンバーの面倒をどう見るのか？　当然ながら、1人で見られるわけがありません。しかし、見なければなりません。

この問題をどう解決していたのか？

結論から言います。

メンバーが多すぎるときにはサブリーダーを立てていました。

自分のチーム内の役職者や、能力の高い人をサブリーダーに任命し、直属のメンバーとして彼らにだけ指示を出します。それ以外のメンバーは、それぞれのサブリーダーの下に配置して、サブリーダーに指示をしてもらうことで、多すぎるメンバーをマネジメントしていました。

つまり指示系統はいわゆるピラミッド型で、上からの指示がメンバー全員に行きわたるようにしていたわけです。

ただし、**逆方向のボトムアップで、現場の声も一番上の私まで上がってくるようには注意していました。**各サブリーダーが、リーダーである私に現場の声を躊躇《ちゅうちょ》なく伝えられるよう、風通しのよい雰囲気づくり、場づくりにも常に気を配っていました。

またサブリーダーを飛ばして、直属ではないメンバーが私に直接、現場からの声を伝えられるようにもしていました。

この方法は組織の階層を飛ばすことになるので、人によっては一律に受けつけないこともありますが、私の場合は現場の声を聞ける貴重な機会として、主にメールやグループウェア経由での情報提供を歓迎する旨をチーム全体に知らせていました。希望があれば、直接の面談等も行います。

7人以上の直接マネジメントはふつうの人には無理

このとき、私が何度か試行錯誤して見つけ出したコツが一つあります。

それは**自分が直接指示をするサブリーダー、つまり直属のメンバーを7人までにかぎる**ことです。

その他のメンバーはそれぞれのサブリーダーの下にぶら下げていきますが、その際にも**1人のサブリーダーが直接面倒を見る人員は7人まで**に収めてください。

なぜなら聖徳太子でもない私たちがメンバーの面倒を見られるのは、7人が限界だからです。直属のメンバー7人が1週間、月曜日から金曜日まで8時間働いたとすると、メンバー1人当たり8時間×5日＝40時間の労働時間となります。7人全体では40時間×7人で280時間です。

リーダーはこの280時間の成果物すべてをチェックする必要があります。当然、問題があ

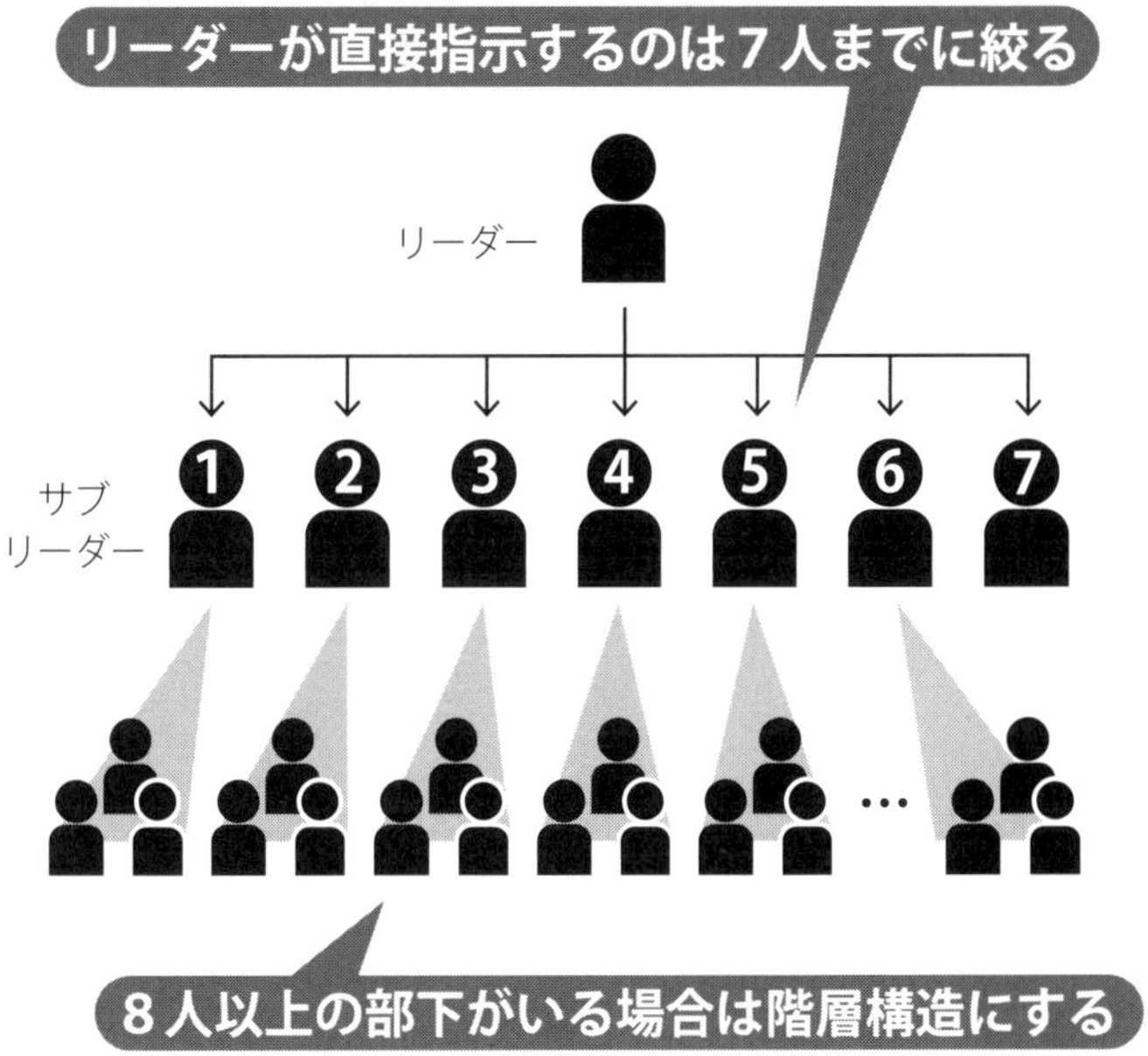
リーダーが直接指示するのは７人までに絞る
リーダー
サブ
リーダー
1
2
3
4
5
6
7
…
8人以上の部下がいる場合は階層構造にする

ればメンバーのフォローもしなければなりません。

リーダーは１人しかいないので、メンバー７人の２８０時間分の仕事を40時間で見なければなりません。メンバー１人当たりで考えれば、40時間の成果を５・７時間で見る計算です。

実際にはリーダーはメンバーの面倒を見る仕事だけをしているわけではなく、社内会議や客先の会議への出席、人事関係や事務関係の業務など、山ほど仕事をこなさなくてはなりません。

それらに割く時間も考えると、経験的に、直属のメンバーは７人までが

「リーダーとしての仕事」をこなせる限界値と言えるのです（逆に言えば、7人までは直属のメンバーを増やせる、ということでもあります）。

たとえばメンバーが50人いたら、自分の直下に7人のサブリーダーを立て、その下に6人ずつ配置すると、サブリーダーとそのメンバー全員で49人になります。

1人のサブリーダーには7人のメンバーをつけることで、50人全員をカバーできます。あるいはサブリーダー全員に7人ずつ配置すれば、56人まではカバーできます。

8人以上になったら階層を増やす

チームにこれ以上の人数がいる場合には、ピラミッドの階層を増やして対応するのが基本だと考えておきましょう。

4階層あれば400人くらいまで。5階層あれば1000人以上のチームでも対応できます。

実際には分担する業務の内容や会社規模、オフィス空間の制約などがあり、1000人規模のチームは滅多にあるものではありません。ある程度大きくなったら分割して、それぞれのチームにリーダーを立てるほうが現実的でしょう。

また階層が下に行くと、一人ひとりの作業の難易度は低くなり、作業内容の特殊性も小さくなる傾向があります。たとえば階層の上のほうでは専門知識を使ってシステムの設計を行いますが、下のほうではその設計書の指示に従って単純なプログラミング作業をする、といった違いです。

そのように**業務内容のレベルが違うメンバーをまとめる際には、階層の下のほうでは７人の枠にあまりこだわらず、機能やサブシステムで大きく分けるほうが機能する場合もあります。**

しかしながら、原則としてはそれぞれのリーダーが直接見るのは７人までとし、それ以上になるときには階層を増やす、という意識を持っておくと、大人数のチームを管理しやすくなります。

最近は組織は極力フラットにすべきという声もありますが、**人数が７人以上のチームはピラミッド型にしなければ、リーダー１人の負荷が大きすぎていずれ回らなくなります。**覚えておきましょう。

ちなみに、「人事は経営陣や人事部の仕事で、リーダーが勝手にチーム内の階層構造をつくることなどできないのでは?」と思うかもしれません。しかし、これは大きな勘違いでしょう。**チームを任されたリーダーには、チームを機能させるために誰をサブリーダーにするか、また誰に何を任せるかを決める権限があるはず**です。

仮に会社側がそれを認めないのであれば、説得して認めさせるのもリーダーの仕事だと思います。

どうしても思うようにできない場合には、リーダーになることを断るか、それができない場合には、自分は名目上のリーダーにすぎないと割り切って対応するしかないでしょう。

3秒でポイントチェック

チームの規模が大きいときには、メンバー全員をリーダーが1人で見ることはできない。8人以上いるときにはサブリーダーを立てよう。

直接の指示はしないがチーム全員の声は拾う

前項で、リーダーが直接指示をするメンバーは7人までにすべきだと説明しました。「ということは、リーダーはその7人としか話をしないの？　ほかのメンバーとはコミュニケーションを取らないの？」などと疑問に思われた方もいるかもしれません。

もちろん私は、リーダーは7人以外のメンバーと完全に話をしないようにすべきだ、などと極端なことを言っているわけではありません。**リーダーが直接指示をするのは直属の7人だけにすべきですが、それとは別に、チームの構成メンバーとは適度にコミュニケーションを取るべき**でしょう。ただし、直接指示をする7人のメンバー以外と話をするときには、リーダーは少し注意をしなくてはなりません。
直接それらのメンバーの誰かを呼び出して、現場の詳しい話を聞く。……一見、職場でよく見られる状況に感じますが、このような**直属のサブリーダー（＝中間管理職）を飛び越えたコミュニケーションは、基本的に避けるべき**です。

直属ではないメンバーを呼び出すときには、そのメンバーのリーダーに当たる直属のサブリーダーも同時に呼び出し、一緒に話を聞くようにしてください。

面倒に感じられるかもしれませんが、指揮系統の階層を飛び越えて、階層が下のメンバーを個別に呼び出す行為自体に、組織では「特別な意味」が生じてしまうからです。

リーダーは単にちょっとしたコミュニケーションを取っているつもりでも、呼び出された当人は叱責《しっせき》を受けていると感じることがありますし、言葉尻を捕らえて「直接の指示を受けた」と考えることもあります。特別扱いされていると感じるメンバーもいるでしょう。

呼び出された当人や、その周囲のメンバーは、何かその人がまずいことをしてしまったのではないか、あるいは「リーダーのお気に入り」なのか、などと考えます。

特にリーダーと当人のあいだに入っている中間管理職に当たるメンバー（サブリーダー）は、

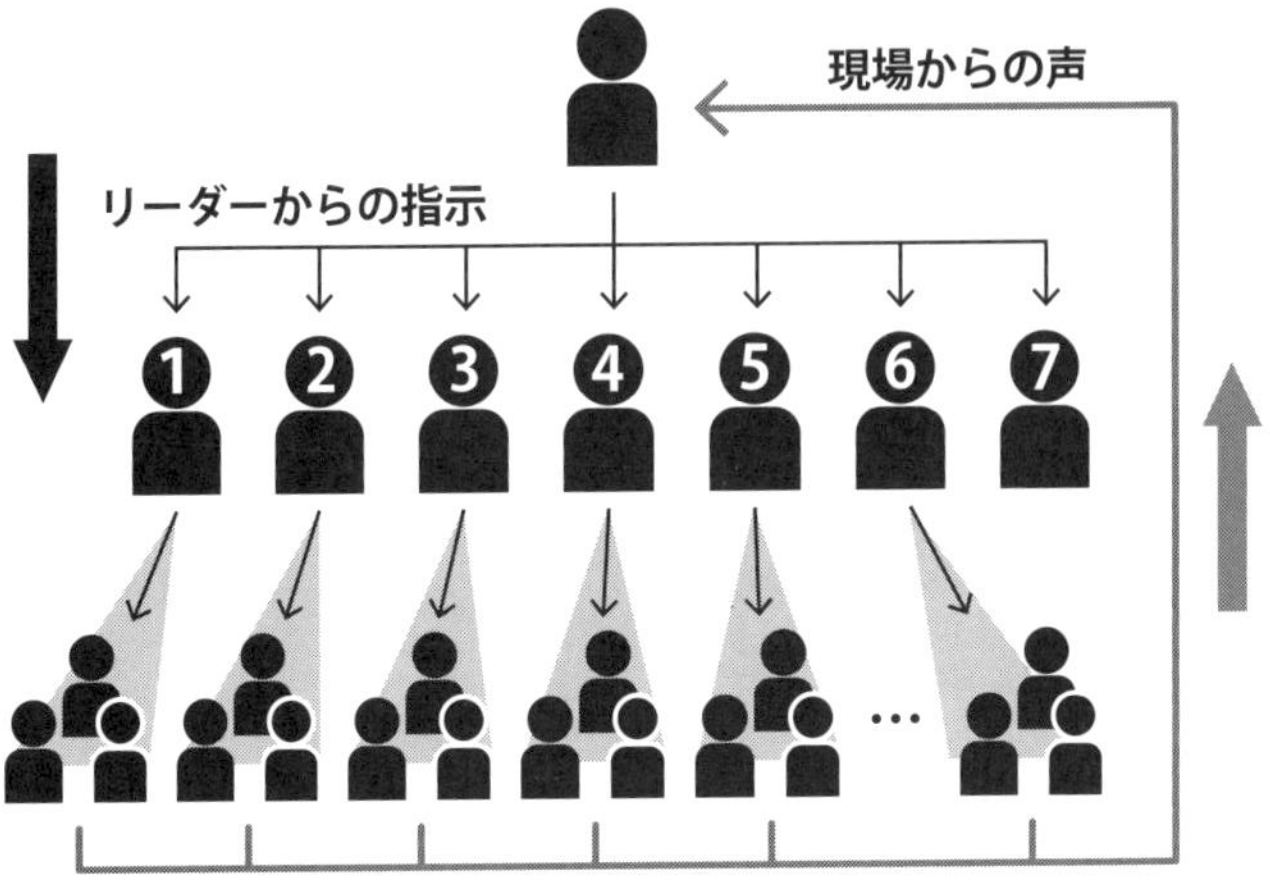

メールやグループウェア、現場の巡回などを駆使して「現場の声」を吸い上げる

自分が同席に呼ばれないと、何か失敗してしまったのか、自分が信頼されていないのか、などと疑心暗鬼になることがあります。

リーダー自身はまったく気にしていなくても、組織の階層を飛び越えるコミュニケーションは気軽にすべきではないのです。

便利な「型」を使いこなそう

とはいえ、現場の情報を常に吸い上げなければ、リーダーに入ってくる情報が間接情報ばかりになり、リーダーが「現場感」を失ってしまう危険性もあります。

どう対応すべきでしょうか？

一つの方法は、前項でも提案したメールやグループウェアを使ったボトムアップ方向のコミュニケーションの促進です。

この方法であれば、直接相手を呼び出すわけではないので、チーム内に余計な意味が発生するのを多少は防げます。

ただし、このときにもリーダーは、サブリーダーの頭越しに各メンバーに指示を与えないよう気をつけなければなりません。親身になって話を聞いても、**「具体的な指示などは、後日、サブリーダーを通して伝えるね」**などと対応するといいでしょう。

もう一つの方法は、**リーダーが自ら現場に足を運び、現場の様子をチェックしながら、その場にいるメンバーに感謝やねぎらいの言葉をかける形でコミュニケーションを取る**ことです。

仕事の邪魔をしない程度に各メンバーと世間話をしながら、現場の生の声を集めていきます。

この方法もサブリーダーの頭越しのコミュニケーションではあるのですが、その状況からリーダーが自然に各メンバーと話ができます。一つの「型」として成立しているので、実態としては頭越しのコミュニケーションであるにも関わらず、特別な意味が生じることがありません。

リーダーが直接に現場の不満や不安、あるいは各担当者の意見や細かい状況を把握したい場合には便利なため、私も大きなチームでリーダーをしていた頃はよくこの方法を利用していました。ちなみにこのとき、あなたがリーダーとしてメンバーに信頼されていれば、彼らとの気やすい会話も成立しやすいでしょう。７人のサブリーダーからの報告ではカバーし切れない、現場の生の声も直接聞こえてきます。

そうしたリアルな現場の声は、チームの実態やプロジェクトの進捗状況を把握するうえで死活的に重要な情報になることもあります。

たとえばAさんが「昨日は本当に忙しくて大変でした……」と話していて、その過密スケジュールについてサブリーダーから報告されていないのなら、そこにあなたが認識できていなかったボトルネックが潜んでいる可能性があります。

あるいはBさんが「品質を重視するように注意しています」と話していて、その指示があなたがサブリーダーに指示したものと同じだったなら、あなたの指示がサブリーダーを通して、下の階層のメンバーにまでしっかり伝わり、共有されていることがわかります。

逆に指示内容と違うことを現場のメンバーが言っていたら、どこかで指示の内容が変わってしまっていることがわかるわけです。

現場の状況に応じて、サブリーダーの今後の指導につなげることもできるでしょう。

繰り返しになりますが、こうした限定的な方法以外では、サブリーダーの頭越しでの直接対話は控え目にすることを意識しましょう。

リーダーが直属のメンバーを飛ばして指示をしてしまうと、サブリーダーの仕事を奪うことになります。指示系統も混乱しますし、サブリーダーやメンバーからの信頼も失いかねません。自ら動かなければならない、という思い込みがあると、ついつい過剰な直接対話をしがちですから、気をつけてください。

3秒でポイントチェック

中間管理職を飛ばしたメンバーとのコミュニケーションでは、リーダーの意図とは異なる結果や意味が生じることがある。「現場の巡回ついでに話す」という型を積極的に利用するとよい。

7人のうち1人は「遊ばせる」

想像してください。あなたのチームには7人のサブリーダー（直属のメンバー）がいて、あるプロジェクトを任されました。仕事量的には、7人で割り振るとちょうど1人当たりの稼働率が80％程度になる見積りです（メンバーへの仕事の割り振り方は、実際には仕事量だけではなく各人の役割や機能も考慮しますが、今回はわかりやすく仕事量だけで割り振るものと仮定します）。

この場合、リーダーのあなたは、7人のメンバーにどのように仕事を割り振りますか？

7人全員に、均等に割り振るでしょうか？

私なら、絶対に「均等割り」はしません。**1人は予備として残し、6人に振り分けます。もちろん予備の1人も完全に遊ばせるわけではなく、通常業務や各サブチーム間の調整業務などを担当してもらいます。**

長いマネジメントの経験から、以下の3要素に備えることを考えるからです。

要素①【想定外の突発事象の対応に備えるため】

予定どおりに物事が進んでくれればよいのですが、世のなか、思いもしない突発事象が発生するものです。そのような状況では、たいていは時間的な猶予《ゆうよ》もなく緊急対応を迫られます。その際、チームに1人でもすぐに動けるメンバーがいると、対応がグッとラクになります。

要素②【仕事は必ず増えるため】

あなたの担当している仕事は、どのような仕事でしょうか？　たとえばクライアントごとに仕様を調整して、物をつくっていく個別生産の仕事の場合、必ず途中で仕様が変更になります。あるいは仕様が増えます。そして、当初の見積り以上の工数が必要になります。

そういう事態になれば、メンバーを増員することも考えますが、仕事の途中から人員を増やすことはなかなか大変です。もともとの人員だけでやり切らなければならないケースは少なくないでしょう。

であれば、**当初の想定よりも仕事量が増えることを「もはや必然」であると最初から想定**しておき、あえて１人は予備に回しておきます。つまり余力を残しておくことで、追加の業務にも対応できる可能性が高まりますし、リーダーとしても当初予算枠の内側でやり切ったと評価されるでしょう。

要素③【自分の後継者を育てるため】

３番目に書いていますが、実はこれが一番重要です。リーダーの仕事は一朝一夕でできるようなものではありません。リーダーになるためには、リーダーのやり方を見て学ぶことが必要です。

７人のサブリーダーのうち、あなたが次のリーダーの候補として考えているメンバーには、あえて個別性の高い仕事を割り振らずに、ほかの６人のサブリーダー（あるいはチーム全体）

の進捗管理、課題完了の確認、連携・インターフェースの調整、または他部署との調整といった仕事を自分の代わりに経験してもらいましょう。場合によっては、先ほどの要素①②で挙げたような突発対応についてもメインで対応してもらい、実践経験を積んでもらいます。

これらの理由から、直属のメンバー（サブリーダー）のうち1人は予備に回すほうがよい、と私は考えています。

加えて言えば、そのようにすれば**緊急対応やチーム全体の調整などもメンバーに任せられるので、リーダーはその分、ラクができる**という4つ目の要素もあります。その空いた時間で、リーダーは将来的な構想を立てるなど別の仕事ができるのです。

3秒でポイントチェック

仕事は必ずあとから増える。あるいは予期していなかった突発事態が起こる。当初の予算内でことを収めるために、直属のメンバーのうち1人は最初から予備に回しておく。

「年間1000万円までは君の裁量に任せる」と権限移譲

みなさんはどれだけの権限を持って仕事をしていますか？

古巣には怒られるかもしれませんが、私の場合、リーダーとして働いていていた期間のほとんどすべてにわたって、権限の基準が曖昧《あいまい》でした。

売上1億円で原価７０００万円以内、というような形でプロジェクトの予算は決まっていましたが、その予算内であればリーダーが好きに予算の使い方を決められたかというと、そんなことはありませんでした。いくら以上の決済であれば、上司にお伺いを立てる必要があると決められているような、いないような……。

大企業でしたから、きちんと文書化されている基準があったのかもしれません。いや、おそらくあったのでしょうが、実際にそうした書面を確認したり意識したりすることはありませんでしたし、周りの同僚の大多数も同様でした。

結局は「よくわからないから、金額が大きいときには念のため、上司に報告しながら仕事を進める」という対応をしていました。

日本の多くの会社で、同じような状況が蔓延しているのではないかと感じます。つまり**日本企業では、ほとんどのケースで役職や職務ごとの権限が曖昧**なのです。

「担当から主任になると、権限は具体的に何が増えるのか？」

「主任から課長になると、いくらまでの決済を自己判断でしてよいのか？」

「課長から部長になると、人事評価の際にどこまで意見を言えて、どこまでそれが結果に反映されるのか？」

個々の役職に認められる権限の範囲がはっきりとは決まっておらず（仮に決まっていたとしても、周知が不十分で）どこまで許されるかがわからないために、念のための報告と確認が組織内で無限に行われている印象を受けます。

私自身、数十年前になりますが初めて主任になったときに、当時の上司である課長に質問したことがあります。

「主任になりましたが、どこまで権限を任せていただけるのですか？」と。

すると、「好きにやればいいよ。先輩を見て覚えてね」と言われました。

好きにやっていいはずがありません。

先輩は何人もいて、それぞれに言うことが違います。

同じ会社のなかでも、プロジェクトや組織によって権限が異なるときもありました。場所によっては求められる書面や仕事も異なります。そもそも、当時は文面では定義されていないようでした（流石に今は決まりがあるはず、です）。

こんな状態では、何をやるにしてもいちいち上司にお伺いを立てなければいけません。口では格好よく「君に任せた。好きにやっていいよ」と言っても、実際にはまったく好きにできないのが日本企業の悪いところです。

任せることで責任感が生まれる

そこで私のチームでは、**特定のメンバーに一定の業務を任せたら、その業務に必要な一般的な経費については「年間1000万円までは君の裁量に任せるよ」と、プロジェクトに設定されている予算とのバランスを考えつつ明確に権限委譲していました。**

通常ではない、何か特殊なことをする場合には一度確認を取ってもらいますが、そうでないのであればいちいちの確認は不要として運用していました。

そうしていたと言うと、いつも驚かれるのですが、事前にそのような運用をしてもよいか自分の上司には確認を取り、そのうえでリーダーとしての責任で、自分の任されているチーム内で大きな責任を負うメンバー（たとえば7人のサブリーダー）には「ここまでなら勝手に動かしてOK」と権限委譲していたのです。

こうすることで、「念のための確認」がかなり減りますから、単純に生産性が上がります。それぞれのサブリーダーも、確認を求められるリーダーの私も、別の仕事に使える時間が増えました。

また境界線を明確に示されたうえで権限移譲がなされることで、**そのメンバーが自分で考えて動けるようになる効果**も期待できます。

自信を持って「ここまでは自分の責任で決められる」と理解しながらリーダーに話すのと、責任をリーダーに預けた曖昧な状態で話すのとでは、メンバーの責任感も違ってきます。

会社によっては明文の権限規定があり、しっかり運用されているところもありますし、企業風土によって実施が難しいケースもあるでしょう。しかし、メンバーが「自ら考え、自ら動く」土壌をつくるために、自分の任されているチーム内ではどんどん権限委譲していく方法を、個人的には強くオススメします。経験的に、大変効果的です。

3秒でポイントチェック

権限が曖昧だと、せっかく責任を負った仕事をしてもらっているメンバーの自立心が育ちにくい。自分のチーム内だけでも明確に権限委譲して、自分で考えて、自分で動く人材に育てよう。

30秒でこの章のまとめ

☑ リーダーが仕事を抱え込むのは、メンバーの仕事を奪い、成長の機会も奪うこと。チーム全体の指揮が取れなくなるので、避けなければいけない。

☑ 強いチームへの最初の一歩は、チーム内で夢や目標を共有すること。ボトムアップでメンバーの本音を聞き出し、簡単なスローガンに落とし込むと効果的。

☑ 目標達成のためにチーム内での「役割」をリーダーが割り振り、その役割に応じた指示（役割指示）を出す。リーダー自身も自分の役割を常に意識する。

☑ 役割は、メンバー本人の「できること」と「やりたいこと」が重なる部分で割り振ると士気が高まる。

☑「役割指示」は 6W2H の要素を意識しながら出す。特に「誰に（Whom）」と「いくらで（How much）」の２要素は重要。「ゴール」と「期限」も同時に意識すると、急所を押さえた指示ができる。

☑ メンバーの数が多いときには、直接指示するメンバーは７人までとする。それ以上いる場合には階層構造をつくり、頭越しの直接指示はしないようにする。

☑ 現場の情報を吸い上げるために、メールやグループウェアでの直接連絡や、現場巡回時のヒアリングなどのボトムアップ要素も組み合わせて使いこなす。

☑ チーム内では予算の執行権限を含めて積極的に権限委譲し、メンバーの成長を促す。余裕人員をあえてつくり、突発対応を任せることも育成になる。

第2章

リーダーは超ラク！

メンバーに「任せる」進捗管理

3日以上かかる仕事は指示内容をその場で復唱

メンバーへ指示を出したあとの「フォローの仕方」もお伝えしましょう。

こんな経験はありませんか？

リーダーからの指示を受け、頑張ってやり遂げてようやく提出したら、アウトプットの質ではなくそもそもの方向性や認識が違っていた。結果、リーダーの期待を裏切り叱責され、締め切りに間に合わず怒られ、しかもかなり前の段階からのやり直しとなり二度手間で呆《あき》れられた

……といった失敗経験です。

こういう失敗をすると、「自分が費やしたエネルギーや時間はなんだったのか……」とたまら

ない気持ちになります。仮に修正指示を出されたとしても、なかなかやる気が出ませんし、やり遂げたときの達成感もほとんどありません。

なぜ、そんなことになるのか？

それは**リーダーが指示をしたときに期待していたアウトプットと、メンバーが受け止めたアウトプットのイメージが最初から一致していなかったから**です。ボタンのかけ違いがあったのです。

アウトプットのイメージの不一致が発生してしまう要因は、リーダーの伝え方、メンバーの受け止め方、どちらの場合もあります。言葉の受け止め方の些細《ささい》な違いであったり、思い込みであったり……責任はそれぞれにあるでしょう。

しかし、どちらが悪いかを突き詰めるのは不毛です。最初の認識が一致しなければ、いずれにせよ、リーダーもメンバーも不幸になるからです。結果的にメンバーのやる気がなくなることも問題です。

こういう認識の不一致が続くと、メンバーはそのリーダーとの仕事そのものに、「どうにも、あの課長とは合わないんだよなぁ……」と最初から苦手意識を持つことになります。

そうした事態を防ぐために、私が長年実践していた簡単なコツがあります。

何かをメンバーに指示した直後、その内容をメンバーに復唱してもらうことです。

時間を置いてはいけません。

時間が経つと、リーダーもメンバーも記憶が少しずつ自分に都合よく変質しますし、そもそも指示内容を忘れてしまうこともよくあります（特に多忙なリーダーはすぐ忘れます）。

リーダーが何か指示をしたら、すぐその場で、何を指示されたか復唱してもらいましょう。

メンバーが指示されたと認識した内容を、言葉にしてもらって聞くことで、リーダーは自分のアウトプットのイメージがメンバーに正しく伝わったか客観的に判断できます。

もし違っていたら、すぐ訂正すればよいだけです。

メンバーの側でも、自分がリーダーの指示を正しく理解して、アウトプットのイメージを把握できたか**その場で答え合わせができるので、余分な手間を省けます**。もしかして間違っているのでは？　という不安も取り除けます。脳内のイメージを言語化することで、曖昧な部分を具体化することもできます。最初のボタンのかけ違いを防げるのです。

データに残してより明確に

作業に時間がかかる仕事では、万一アウトプットのイメージのズレによってあと戻り作業が発生すれば、リカバリーに必要な工数やスケジュールへの影響が大きくなってしまいます。

そこで、指示直後の復唱に加えて、**作業に3日以上かかる指示についてはグループウェアやメールを使い、指示内容をリーダー宛てに報告してもらう**ようにしていました。テキストでデータに残すことにより、より確実にアウトプットのイメージを共有していたのです。

グループウェアを使用している場合には、この一手でチーム内のその他のメンバーもアウトプットのイメージを手軽に共有できるメリットがあります。もし時間経過で記憶が曖昧になったら、あとからテキストに戻って確認もできます。

これらの工夫により、もしリーダー自身はAと伝えたつもりなのに、メンバーにはBと伝わっていた、というようなことがわかれば、そのときはメンバーを責めるのではなく、リーダーの伝え方の問題として捉え、自分のコミュニケーションスタイルを見直す機会としてください。

曖昧な指示の仕方をしてしまっていたとしたら、どうすれば改善できるのか、冷静に考えてコミュニケーションスキルの上達に努めましょう。

前述した6W2Hの要素をきちんと全部言っているか、振り返ってみるのもオススメです。

3秒でポイントチェック

リーダーが指示した内容がメンバーに正しく伝わらないと、時間や機会、エネルギーの無駄になる。指示した直後にメンバーに復唱させ、数日以上の仕事では指示内容をメールやグループウェアで共有させることで、認識のズレをそもそも起こさない。

1日目の業務終了時点で中間報告

前項で、指示のあとの復唱やグループウェアでの確認について説明しました。実はもう一つコツがあります。**メンバーが数日以上かかる作業に取りかかったときには、初日の業務終了時点で中間報告をしてもらうようにし、確認とコミュニケーションを取る機会をつくる**ことです。

「朝に指示した内容の進捗状況と途中成果物を、退勤前に確認しよう。あと何か問題はない？」

などと総合的な状況把握をするのです。

締め切りが過ぎたあと、最終的なアウトプットを見て「あ〜、これじゃないんだよ〜」では

メンバーもあまりに悲しすぎますし、リーダーとしても無能と言わざるをえません。作業に多

くの時間がかかるほど、そのときの時間や労力、モチベーションのロスは大きくなります。最初に指示をした直後にも、復唱をしてもらうことでアウトプットのイメージのすり合わせを行っていますが、**時間のかかる作業では、途中でリーダーとメンバーの持つアウトプットのイメージがずれてきてしまうことがあります。**

それを防ぐため、指示初日の業務終了前に中間報告の場をつくることが効果的なのです。実際にやってみると、そのメンバーが1日当たりどの程度作業を進捗させられるかも掴めるので、1週間レベルでの見通しも立ちます。また、実際に途中成果物＝現物を見ることで、リーダーが期待するアウトプットのイメージとずれていないかも明確にわかります。

これらの点でもし問題があっても、その時点でズレの修正をしたり、アドバイスをしたり、人員の補充をしたりすることで軌道修正が可能です。

作業してみないとわからない課題もある

加えて、**実際に作業をして初めてわかるタイプの課題**もありますので、それらの把握もできるようになります。「思ったよりも難しい」「指示を達成するには、リーダーから追加情報をもらわないとならない」といった状況です。

メンバーは悩みや課題が出てきても、「こんなことを忙しいリーダーに相談するのは迷惑ではないか」「こんなに簡単なことを聞いたら、自分には能力がないと思われるかもしれない」「恥ずかしい」などさまざまな理由で、すぐにはリーダーに相談しないものです。悩みを一人で抱え込み、もっとも貴重な時間を浪費してしまうことも多々あります。

初日の業務終了時点で中間報告をさせることには、こうした「実際にやってみて初めて分かる課題」を早期にリーダーとメンバー、引いてはチーム内で共有できる効果も期待できます。メンバーによる課題の抱え込みも防げるでしょう。

3秒でポイントチェック

指示直後の復唱やグループウェアでの共有だけでは、その後のズレや「やってみて初めてわかるタイプの課題」の共有が遅れがち。初日の業務終了前に中間報告をしてもらい、より正確に進捗状況を把握し、どんな課題にも早く手を打つだけの時間を確保する。

1週間以上かかる仕事は「作業線表」で自己管理

期間が長い仕事は、それだけ規模が大きく、工程数も多かったり難易度が高かったり、複雑であったりします。期間が長いので、計画をしっかり立てないとあとからのリカバリーもできません。ということで、**おおむね1週間以上かかる仕事をメンバーに任せる場合には、そのメンバー自身に「作業計画表」を作成させてリーダーに提出してもらいましょう。**

一般的にはこうした進捗管理はリーダーが行うことが多いのですが、それではメンバーの数が多くなるとまったく対応できません。極力、メンバー自身に進捗管理させ、リーダーにも毎週月曜日などに定期的に共有してもらうことで、効率的にチーム全体の進捗状況のマネジメントが行えます。

メンバー自身も、自分の担当作業をどのくらいのペースで進めればよいか理解でき、効率よく作業を進められるメリットがあります。

ガントチャートを使いこなす

作業計画表は文書で作成するとわかりにくいので、NECでは主に次ページに示すような「**作業線表**」を使っていました。

いわゆる「**ガントチャート**」の一種で、**WBS**（Work Breakdown Structure：作業分解構成図）、つまりプロジェクトにおけるタスク（作業項目）の分類と一覧表記の手法を併用したものです。IT業界にかぎらず、製造業など多くの企業が標準的に利用している方式でしょう。

縦軸には分類したタスクと期待される成果物を示します。見込まれる成果物については、数値で示すことがコツです。たとえば、「マニュアルの作成」というタスクであれば、予定ページ数も目標値としてしっかり記載しておきます。

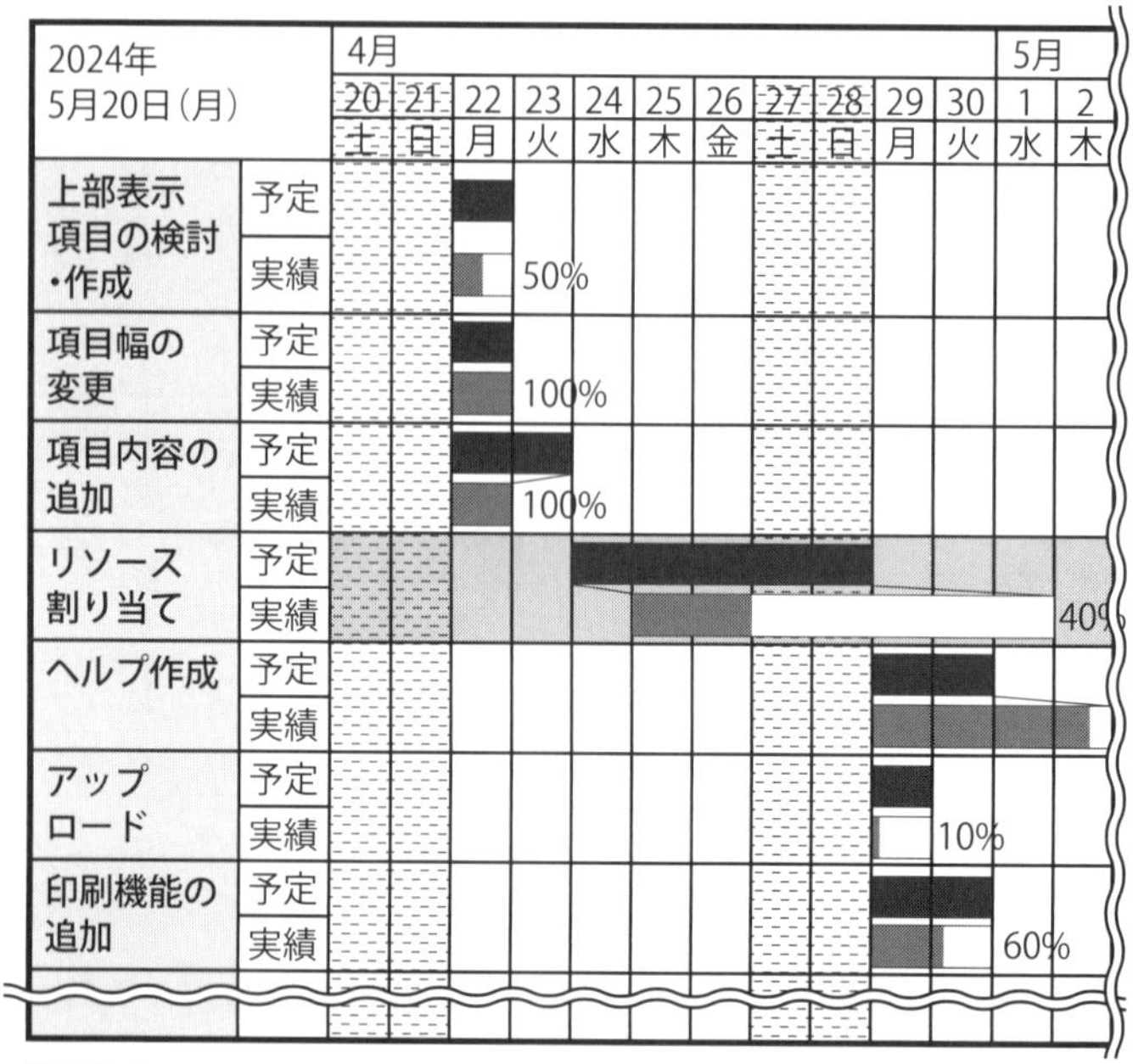

個人目標
2か月以内での客先への製品引き渡し

懸案事項
印刷機能追加の作業を苦手にしているので、その工程が不安。

横軸は時間軸です。進捗状況を%で示す欄も用意しておけば、予実管理をするのにも便利でしょう。

この作業線表を確認すれば、指示された仕事を達成するために必要な作業項目が何か、メンバーが挙げている作業項目にモレはないか、各作業項目のボリュームをどれくらいに見込んでいるか、全体のスケジュール感など、まとめてチェックできるのでよく活用していました。

長期間の作業になれば、想定外のトラブルが発生するリスクも高くなります。最初から想定外のトラブル対応への余裕を少し設定しておくことも、運用上のコツです。


この作業線表をメンバーが自分自身で作成することで、メンバーには自らが担当者である自覚や責任感が生まれます。日々、当初の予定に対する実績値を自ら入力することで、**作業遅れのタイムリーな認識**もでき、早め早めの対処につなげられます。

計画が当初の計画どおりに進むことはほとんどありません。しかし、計画を自分で作成し、立てた計画から遅れが発生した場合にはその事実を記して現場での気づきを共有していくことで、チームとして統率された対応が取れるようになります。

作業計画には「目標」と「懸案事項」も記入してもらう

もうひと工夫加えて、この作業計画表にメンバーの「目標」と「懸案事項」も記入してもらうと、追加的なメリットを期待できます（前々ページ図・下部参照）。それぞれのメンバーの育成方針を立てる際の参考になる、というメリットです。

作業計画のエクセルデータ上で、欄外などに「目標」と「懸案事項」を走り書き的に追加するだけなので大した手間ではありません。あらかじめ記載用の枠をつくった雛形を用意しておくといいでしょう。

ここで言う目標や懸念事項は、割り当てられた特定の仕事や作業に関してのものです。人事評価で使うような年間目標などではありません。

しかしだからこそ、各メンバーがあまり構えずに、より率直に、今考えていることや成し遂げたいこと、心配していることなどを書き込んでくれます。

メンバーがそれぞれの小さな業務に対してどのような考えを持っているか、如実《にょじつ》に把握できるので、リーダーとしてもコミュニケーションしやすくなります。

チームメンバーの人物像を把握する助けにもなります。

「懸案事項」については、業務をＷＢＳの手法で個々の作業項目にまで分割しているので、全体像を見ていたときより的確に細かい課題を把握できるメリットもあります。より早く、より具体的に対策が打てますから、トラブルの発生防止や早期達成につながります。

同時に、メンバーがリアルに感じている不安や弱点が浮かび上がってくるので、それらの不安や弱点をカバーするように今後の育成方針を立てることもできるでしょう。

ぜひ、それぞれの作業や仕事に対しての「目標」と「懸案事項」も、作業計画内に記入してもらってください。

3秒でポイントチェック

1週間以上の作業時間がかかる仕事では、担当者に自分でガントチャートをつくってもらい、当事者意識を持たせつつ効率的に進捗管理する。作業計画内にメンバー個人の目標や懸案事項も記入してもらうと、育成計画の参考になるなどメリットが大きい。

長期の仕事では毎週、状況確認もする

1週間以上の時間がかかる仕事では、メンバーに作業計画を作成してもらいますが、これが**1か月以上などの長期にわたる仕事の場合、加えて毎週の進捗状況の確認**も行っていました。アウトプットとなる成果物に納期間近に何か問題が見つかったとしても、1か月も放置していたら、もうどうにもなりません。そのため、週に1回は進捗状況を確認する定例の場を設ける必要があります。まぁ、当たり前の話です。

私のマネジメント手法ではメンバーを信じてどんどん仕事を任せていきますが、**「任せる」のと「放り投げる」のは違います**。メンバーに1週間、仕事を進めてもらえば、必ず何かしらの課題が発生します。その課題を解決できていないと、メンバーはストレスを抱えます。

こうした課題や進捗の遅れなどをきっちり把握するために、毎週1回、リーダーとメンバー双方がアウトプットを定期的に確認する場を設けるのです。

メンバーはなかなか自発的には課題を相談してこないので、相談や報告をしやすい場をつくる、という意味もあります。継続的にコミュニケーションを取れるので、緊急時にもすぐ報告できるメリットがあります。

毎週定例の進捗状況の確認では、前述した作業計画表の予実管理状況の推移や、成果物の数値、時間軸上の問題、目標、懸案事項などを確認しつつ、相互の認識にズレがないかをチェックしていきます。課題があれば早めに手をうち、少しずつでも着々と業務を進めてください。

3秒でポイントチェック

長期の作業では作業計画だけでは足りないので、毎週、作業計画をベースにリーダーとメンバーで進捗状況や課題を確認する場をつくる。

レッドラインは明確に示しておく

製造業に代表される「ものづくりの世界」では、昔から「**QCD**」が重要な要素であり、組織が効果的に管理しなければならない領域とされてきました。Qは品質（Quality）、Cはコスト（Cost）、Dは納期（Delivery）です。私自身、製造業に関わらずあらゆる業種の会社で、この3要素を管理することが重要だと考えています。

なかでも重要なのがDの「納期」です。プロジェクトの性質によっては、コスト重視の場合もあります。あるいは一つの不具合も許されない品質重視のプロジェクトもあります。しかし、**どのようなプロジェクトでも共通して言える最重要事項は「納期」です。納期が守られないと、**

すべての関係者（ステークホルダー）に影響を与えるからです。

たとえば6月末納期のプロジェクトがあって、本来であれば6月末に納品してチームも解散、作業スペースも解放、クライアントは新しいサービスを開始するはずが、納期遅延で6月末に間に合わなくなかったら、どうなるでしょうか？

クライアントは期待していた商品が納品されず、新しいサービスを開始できなくなります。クライアントの顧客もそのサービスを受けられなくなります。追加の資金繰りや事前予約のキャンセル処理、告知や販促のスケジュール調整、売上減少……などなど、「迷惑」のひと言ではとても済まされない事態が発生し、クライアントの信頼も失墜させることになります。

プロジェクトチームも当然解散できないので、メンバーにはそのまま継続参加してもらうしかありません。作業スペースも解放できません。使用している機器などは返却期限を延長する必要があります。チームのメンバーは、そのあいだは予定していた別のプロジェクトへの参入ができなくなるので、社内で進んでいる別案件にまで影響を与えることが避けられません。悪影響の範囲はどこまでも拡大しかねず、想像するだけでぞっとします。

仕事では、納期を守れないと命取りなのです。しかしながら、**メンバーのなかには納期を守**

ることをそれほど重要だとは考えていない、甘い認識の人がたまにいるのが怖いところです。

そうした危ないメンバーに対しては、常日頃から納期の重要性を繰り返し言い続ける必要があります。先述した毎週の進捗会議でも必ず確認し、念押しをしましょう。

納期についてはトップダウンで

そのうえで、「**納期に影響する可能性が出てきた場合には即座に報告**」と、あらかじめレッドラインをチーム全体に示しておきます。このルールを守れなかったら人事評価を下げる、と言明してもいいくらいです。そこまでしてでも、リーダーはプロジェクト全体の納期を死守すべきです。納期が守れない場合の甚大な悪影響を考えれば、ここだけはトップダウンでメンバーにリーダーの都合を押しつけるのもやむなしです。それが結局、関係者全員のためになります。

こうしたレッドラインについて、「制限をかけられている」「自ら考え、自ら行動するモットーに反する」と、窮屈に感じる人もいるかもしれません。しかし**見方を変えれば「この線まではあなたに任せるよ」ということ**なので、メンバーもその範囲内であれば伸び伸びと自分で考え、行動できます。むしろやりやすいと感じる人が多いはずです。

星野リゾート代表の星野佳路さんが監訳された『社員の力で最高のチームをつくる――〈新版〉1分間エンパワーメント』（ケン・ブランチャード、ジョン・P・カルロス、アラン・ランドルフ 著／ダイヤモンド社）という本があります。この本では「社員のエンパワーメントを高める三つの鍵」として、その二つ目に「境界線を明確にして自律的な働き方を促す」ことを勧めています。星野代表は私が尊敬する日本のビジネスリーダーの一人であり、私が主催したNEC「現場革新大会2019」でも講演していただいて、「境界線」について議論してもらったことがあります。その場でも、同じようなことをおっしゃっていました。

みなさんも、ぜひ意識して普段からレッドラインを明示していきましょう。

また、あくまで念のために補足しますが、「じゃあ、品質（Quality）やコスト（Cost）は適当でいいのか？」という話ではまったくありませんので、くれぐれもご注意を。

3秒でポイントチェック

納期の遅延だけはシャレにならない。進捗管理においては「納期に影響しそうだと思ったときは即報告」を絶対のルールにする。

30秒でこの章のまとめ

☑ 指示した内容はその場でメンバーに復唱させる。

☑ 数日以上かかる仕事では、メンバーに業務内容をメールやグループウェアで共有させて、リーダーとのあいだでの「認識のズレ」が発生することを防ぐ。

☑ 初日の業務終了時点でメンバーに中間報告をさせると、「やってみて初めてわかる課題」へ素早く対処できる。

☑ 1週間以上かかる仕事では、担当者に自分でガントチャートをつくらせ、効率的に進捗管理する。

☑ ガントチャート内には担当者の個人目標や懸案事項も記入させて、育成時の参考にする。

☑ 長期の仕事では週に一度は進捗確認の場を設け、適切にマネジメントする。

☑ 納期遅れを防ぐことは、仕事における最優先事項。担当者が「納期に影響しそうだ」と思ったときには、ためらわずにすぐに報告することを絶対のルールとする。

第3章

成果につながる！

風通しのよい雰囲気づくり

人は、自分で決めたことにしか動かない！

自分自身の経験を振り返ってみても明確ですが、**人は、自分で「よし、やろう！」と決めたことにしか本気になりません。**

「そんなことはないですよ。多少思うところはあったとしても、私のメンバーはどんな指示にも『ハイ』と言って、頑張ってくれています。」

そんなふうにおっしゃる方もいるかもしれませんが、でも、本当にそうでしょうか？

社会人のみなさんは賢明です。「リーダーにイヤな顔を見せたら、評価に響くな。とりあえずいい返事だけはしておいて、こなす程度に対処しよう」と考えている人は、職場にたくさんいます。なかには「やっているフリだけして、サボっていればいいや。誰かがフォローしてくれるだろう」と考える人もいます。

もちろん本気で頑張っている人もいますが、それは、その仕事について本人も納得している場合でしょう。

あなた自身、自分が納得できていない仕事であっても、上司から「今期はこの案件の売上が必要だから、何がなんでもやり遂げるぞ！」と言われたら、とりあえずはやりますよね。あなたのチームメンバーも一緒です。

しかしながら、**このやり方ではメンバーはその実力を100％出し切りませんし、出し切れません。**リーダーに言われたから、会社の指示だから、あまり気乗りはしない仕事だけれどやる、といった姿勢では、そのメンバーの本来の実力の半分も発揮できればいいほうです。そういう状態のメンバーが多いと、当然ながらチーム全体のパフォーマンスもガタ落ちとなります。

リーダーはそうした事態を防ぎ、メンバー各員に100％の力を発揮してもらうために、彼ら自身が「よし、この仕事をやろう！」と思うように仕向けなければなりません。

彼ら自身が目の前の仕事に対して「自分で決定した」と思えるよう、指示の出し方や、言葉がけに工夫が必要なのです。

自分を洗脳するつもりで

具体的な指示や言葉がけの仕方はこのあと詳述します。それ以前の大前提として、「人は、自分で決めたことにしか動かない」という理屈を、**リーダーが自らの信念として腹に落とし込んでおく**ことをオススメします。

これができていないと、どんなに言葉を取り繕《つくろ》ってもメンバーにはすぐにわかってしまいます。またメンバーにかける指示や言葉がどこか上から目線で、偉そうに感じられやすい、という危険性があります。

表面的な言葉だけでなく、本心から発する信念のレベルにするために、自分自身を洗脳するつもりで刷り込んでください。

たとえば私の場合、1日5回、以下のタイミングで「人は、自分で決めたことにしか動かない」と何度か声に出すようにしていました。

1. 朝起きてすぐ
2. 仕事に取りかかる前
3. ランチを取る前
4. 仕事を終えたとき
5. 夜寝る前

自分だけに聞こえるようにつぶやいてもいいですし、鏡に向かってささやきかけてもいいでしょう。**どのような形でもいいので、実際に声に出し、自分の耳でそれを聞くことが重要**です。

私はこの習慣を、50歳くらいからずっと続けました。最終的には10年以上続けていましたから、もはやこのセリフは、自らの信念の一部となっています。

これから試してみようという読者のみなさんは、私のように何年も続けなくても大丈夫です。最初の数か月で、十分に大きな効果を実感できるはずです。

「人は、自分で決めたことにしか動かない」という原則が信念にまでなっていると、それまで自分が、役職にものを言わせて部下に「やらせる」姿勢であったことが理解できるようになります。

同時に、メンバーへの感謝の念が湧いてきます。

メンバーそれぞれが、本来これくらいはできるだろうとあなたが考えている「実力」に対して、低い成果しか出せていないのであれば、それは気分が乗らない仕事に、リーダーや会社の命令でイヤイヤ取り組んでもらっていることの証です。また、それでも社会人として最低限の仕事はしてくれているのですから、大いに感謝すべきなのです。

どうすればメンバーが「やろう」と思うか考える

「人は、自分で決めたことにしか動かない」という信念ができたら、次は、メンバーに自分で決めたと思ってもらうには、どうすればいいのかを考えていきましょう。そうしないと、メンバーの実力を100%引き出せないのですから。

それはまさに、メンバーを対等な一人の人間として考えることになり、彼らにも「あっ、このリーダーは私の立場で本気で考えてくれている」と伝わります。
メンバーからの求心力が高まり、このリーダーから言われたのなら頑張るぞ、と感じてもらうことができます。そうなれば、それはメンバーが自分で決めたのと同じです。

「人は、自分で決めたことにしか動かない」
毎日5回、この言葉を声に出してみてください。

3秒でポイントチェック

メンバーの立場に立って考えられるようになると、彼らのやる気が引き出され、本来持っている実力を１００％引き出せる。

「YES&MORE」話法で、トップダウンとボトムアップを両立させる

あなたのチーム、組織は「トップダウン型」ですか？　「ボトムアップ型」ですか？

人は、自分で決めたことなら一生懸命に頑張れます。しかし会社という組織のなかでは、トップが決めたことが順番に現場へと降りてきて、ピラミッド構造の下のほうにいるメンバーは、何をどうすべきか細かく指示を受けるのがふつうです。

上から言われたことをそのままやらざるをえないのですから、覇気《はき》がありません。

企業としても、組織として一体感を持って動くには一定の指揮命令系統が必要です。

近年では社内の階層をできるだけフラットにする「ティール型組織」も注目されていますが、

それでも譲れない一線は存在します。

ほぼすべての日本企業では、トップダウンをなくすことなどできないでしょう。

では、どうしたらこの関係がもっとよくなるでしょうか？

私が長年のマネジメント経験から実感しているのは、**同じ上から指示された仕事でも、その枠内で自分たちが細部を決められるときはメンバーのやる気がまったく変わってくる、**ということです。

リーダーは伝言役ではない

具体的には、**トップダウンで伝えたいことを、ボトムアップで現場のメンバーから提案してもらいます。**

メンバーたちから上がってきた提案が、上からの指示の内容と一致していれば、つまり、上からの指示内容の枠内に下からの提案が収まっていれば、それはトップダウンでもあり、ボトムアップでもある両面性を備えた業務になります。

「どういうこと？」と思うかもしれませんね。「そんなに都合よくはいかないでしょ？」と。

しかし、経験的にはほとんどのケースで、ちょっとした工夫をするだけでこの難問を解決できます。

まず、**トップダウンで上から降りてきた指示は、そのままメンバーに伝えることは避けてください。** 伝言役をするだけなら、別にリーダーはいりません。

なぜ会社の上層部がそのような指示をしたのか、**その狙いや目的をメンバーに解説しつつ伝える**ようにします。上から降りてきた数値目標についても、その意図を推測して解説します。

そのうえで、それらの「狙いや目的」を実現するための具体的な手段・方法をメンバーに検討してもらい、検討結果をまとめて提案してもらいます。

こうすると多くの場合、トップダウンで降りてきた指示の枠内で、より具体的な達成方法の提案が現場から上がってきます。

そうしたらリーダーは、「いい提案だ。よくまとめてくれた、ありがとう。この方向でよろしくお願いします」などと言うだけです。

実際に提案の内容をまとめてきたのはメンバーで、リーダーはそれを追認しているだけです

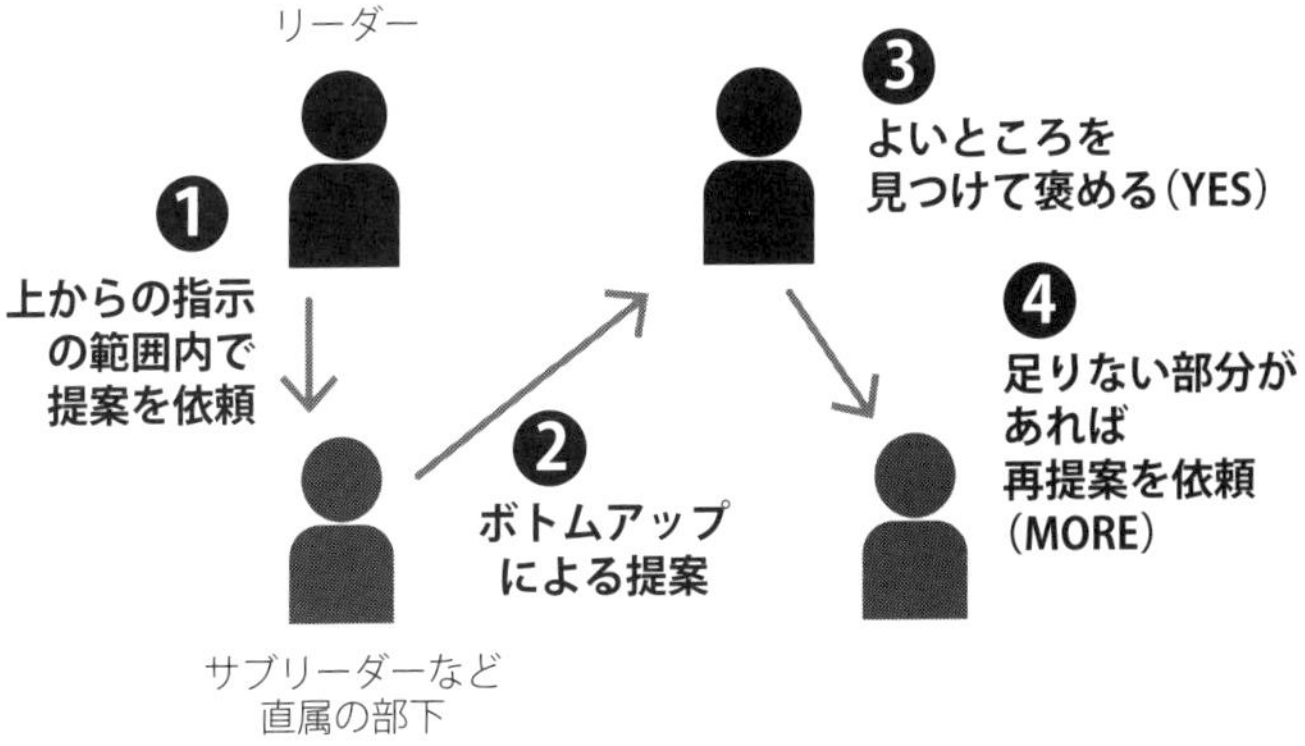

要求水準をクリアするまで繰り返すことで、トップダウンとボトムアップを上手に無理なく組み合わせられる

が、これだけでも現場のメンバーは、「これは私たちが決めたことだ」「リーダーが私たちの意見を取り入れてくれた。任せてくれた」と感じるため、期待に応えようとして１２０％の実力を発揮してくれます。成果にもつながるというわけです。

もちろん、ときどきは下からの提案内容がトップダウンの指示の枠内から外れていたり、その提案内容では上から指示されている数字に満たない、という場合もあります。

そんなときは、**まず提案内容のなかのよい部分を見つけ、そこを褒めましょう（ＹＥＳ）。**

そのうえで、「これでは上からの指示とずれてしまうから、提案をもっとよくするために

もう少し考えてくれないか（MORE）」と差し戻します。

その際、上からの指示と大きくずれている場合には、リーダーが修正の方向性についてアドバイスして、新しい提案内容について多少誘導するところがあってもいいでしょう。

最終的に上からの指示と大枠で一致するまで、このプロセスを繰り返します。

メンバーからのイマイチな提案でも、上手にブラッシュアップできるこの方法を「**YES&MORE」話法**と言います。メンバーとの会話では、普段からこの話法を基本スタイルにしたいものです。みなさんも、ぜひ使ってみてください。

気分を萎えさせる掲示物を排除

さて、そうして修正された提案内容が上からの指示の枠内に収まったら、リーダーが提案の労をねぎらって感謝を示します。メンバーたちは「自分たちで決めた」感覚を持て、業務に取りかかれます。トップダウンの指示も守れます。二兎を同時に追えるわけです。

トップダウンの仕組みを丸ごと変えることは困難です。しかし、**リーダーであるあなたが上手に立ち回れば、トップダウンでありながら、ボトムアップでもある両立状態をつくれます。**

リーダーが成功のカギを握っていることを認識してください。

なお、このようにチーム内でのボトムアップな意見提案を求めるときには、職場の環境内に不必要にトップダウンのイメージを感じさせるものがないか、事前に確認しておきましょう。

もしあれば、あらかじめできる範囲でそれらを取り除いておくことをオススメします。

以前ある会社に訪問したときに、職場内のあちこちに「エレベーター利用中の会話厳禁」「私語最小限に！」「移動はテキパキと」などと、まるで小・中学生に向けて書かれるような張り紙が多数掲示されていたことがありました。

こうした**威圧的・強圧的な掲示物は社員に窮屈さを感じさせますし、上意下達のトップダウンな雰囲気を否応なしにつくり出してしまいます。**そうした雰囲気の職場では、いくらボトムアップでの提案を求めても失敗を恐れてなかなか提案が上がってきません。あらかじめボトムアップが認められるような雰囲気をつくっておくことが必要となるでしょう。

3秒でポイントチェック

フラットなティール型組織でなくても、ボトムアップは実現できる。

「あーだこーだ」と一緒に計画を練り上げる

いきなりですが、「グループ」と「チーム」の違いは何でしょうか？

試しに流行《はや》りのＡＩに聞いてみました（商用使用可能なＡＩを利用しています）。

「グループとチームは、人々が一緒に作業するために集まったものですが、いくつかの違いがあります。

〜中略〜

グループは単に人々の集まりであり、個々のメンバーが自己の目標に向かって行動する一方、チームは共同で作業を進め、共通の目標を達成するために協力します。」

ひと言で言えば、「**共通の目標を達成するために、協力して作業するグループがチームである**」ということになるでしょうか。

たとえば自動車教習所の合宿では、性別も、年齢も、経験も違う人たちが偶然集まっただけなのに、一時的に深い人間関係ができやすいとよく言われます。

その理由は、そこに「免許を取る」という共通の目標があるからです。

協力しての作業こそしないものの、同じ目標を共有しているため、ただの人の集まりである「グループ」ではなく「チーム」に近づくのでしょう。

私自身も、資格取得のためにスクールに通ったことが何度かありますが、短い期間でも初対面のスクール生と一気に仲がよくなる経験をしています。これも同じ資格取得を目指すという、共通の目標を持つチーム状態だったからでしょう。

同じく、ある目的でやや高額なセミナーに通った経験がありますが、ここでは同じ目標に向かって参加者が共同作業をするステップがあり、参加者同士の人間関係が一気に深まる経験をしました。

このときのメンバーとはセミナー終了後にも連絡を取り合っていますが、これは目標の共有と共同作業によって、完全なチーム化が起こっていたからでしょう。

会社組織でも、このようにチームのメンバー内で共通の目標を持つと、一気に絆が強くなります。各自が勝手に作業をする「グループ」から、本当の意味での「チーム」になるからです。

「目標の共有」は、チームワークを強くするうえで極めて重要です。

自然に目標の共有をする方法

では、チーム内で共通の目標をつくるにはどうしたらよいのでしょう?

そもそも会社組織として、トップダウンで達成すべき数字や業績指標を示されていますから、それらを共通の目標にすればいいのでしょうか?

これについては、前項で示したようにトップダウンとボトムアップを組み合わせて、上から示された数値目標の大枠の内側で、リーダーが各メンバーに課題や数字を振り分けます。そのうえで、各メンバーにそれぞれの目標数字や課題を具体的にどう達成するのか、その方法を提案させる手法を原則とします。

このように整理してあげれば、チーム内で共通の目標をつくれるようになるでしょう。ここでは目標の共通化の際に、リーダーがどう振る舞うべきかをもう少し詳しく見ておきます。

毎期の目標設定の面談を活用する

メンバーに目標達成の方法を提案させるにしても、**その提案をしてもらうときには極力リーダーが時間を使い、各メンバーと直接「あーだこーだ」と話し合いながら、それぞれの具体的な目標達成法を決めていきましょう。**

目標達成の方法を示すことを課題にして、紙に書いて提案させる方法はオススメしません。書類の提出と、その後のリーダーによるチェックや「コメント戻し」という形では、どうしても冷たさが出てしまうからです。

メンバーから見ても、これではリーダーがルーチンワークとしてやっているんだな、と感じてしまいます。「目標の共有」というところまでチームの心理状態を揃えられません。

何事についてもそうですが、**一体感をつくろうとするなら「一緒に作業する」プロセスが大**

切です。先ほどAIが示した「チーム」の条件でも、共通の目標達成のために「一緒に作業する」のがチームとされていました。

私がNECでリーダーをしていたときにも、目標設定についてはチームの各メンバーごとに1時間の枠を取り、なるべく一緒に議論するようにしていました。

それぞれの目標やその達成方法について、極力私は判断をせず、答えを出すことにもこだわらずに、できるかぎりメンバーの話を聞く時間をつくるようにしていました。

目標やその達成方法を決める作業は、業務の本質的な部分に関係することなので、**リーダーが答えを示してしまうとメンバーはそれに従わざるをえなくなります。**

リーダーは助言のつもりでもメンバーは命令として受け取ることもあるので、1時間のうち50分はメンバーの話を聞くことに徹する、くらいの気持ちで話し合うとちょうどいいでしょう。

それぞれのメンバーの鏡になることを意識し、メンバーからの提案があれば、まずはうなずいて復唱します。それから「なぜ、その提案内容にしたのか」を聞きます。

そして、**必ず同意します。否定はしません。**雑談でもするかのように安心・安全な場を提供し、「あーだこーだ」とメンバーと話しましょう。

そうすると、こちらが指摘しなくてもメンバーはさらなるアイデアを出してくれたり、自分の矛盾に気づいたり、自分のなかで提案内容をブラッシュアップしたりしてくれます。人から間違いを指摘されて直すよりも、よっぽど身になるのです。

メンバーの意見や考えを聞いたら、「それはいいね。なら、もっとこうもできるのでは？」と、前出した「ＹＥＳ＆ＭＯＲＥ」話法も活用してください。

このようにすることで、リーダーとチームのメンバー全員に共通の目標が上手に設定でき、またその目標設定の作業をメンバーそれぞれがリーダーと共同で行うことになり、チームが本当の意味でのチームワークを獲得できるでしょう。

3秒でポイントチェック

共通の目標を持ち、その達成に向けた共同作業をするのが「本当のチーム」。目標設定について期初などに自由に話し合う場を設けると、本当のチームになるための条件を達成できる。上からの指示の枠内で、狙いや目的を実現する方法をメンバー自身に提案させよう。

「全責任を取る宣言」で失敗への不安を取り除く

あなたは、どんなリーダーになりたいでしょうか？

きっと憧れのリーダー像、理想像を持っていると思います。

思い浮かばないなら、「こんなリーダーには絶対なりたくない！」と思うリーダー像を思い浮かべてみてください。そのイメージの反対が、なりたい理想像であることが多いです。

株式会社ACILが運営するキャリア・転職情報メディア「ポジサラ」が、全国の20代以上の男女100人を対象に「無能なリーダーの特徴は？」と聞いたところ、一番多かった回答は「責任を取ろうとしない」リーダーだったとのことです。

『【調査レポート】無能なリーダーの特徴は？　20代以上の男女100人が選んだ1位は「〇〇」』株式会社ACIL　2023年5月12日（https://pojisara.com/）

これを反対に考えれば、**若いメンバーからは「いざというときに責任を取ってくれるリーダー」が求められている、**ということです。

普段は偉そうなことを言っているのに、何か困ったことがあると部下に責任を押しつけ、逃げるようなリーダーの下では誰も働きたくありません。納得できる調査結果だと感じます。

一方で、実際の職場のリーダーがいざというときに矢面に立ち責任を取ってくれる人なのかどうかは、いざそのときにならないとわかりません。気にしている人が多いのに、実際どうなるかはわからないので、不安に感じているメンバーが多いということでしょう。

不安を感じながらの仕事では、パフォーマンスは上がりません。メンバーのやる気を引き出しパフォーマンスを上げるためには、「このリーダーは、いざというときにも逃げずにしっかり責任を取ってくれそうだ」とメンバーに感じさせることが必要です。

俺が最終責任者だ！

それには、**プロジェクトの開始時などに、リーダーが「このプロジェクトの全責任は、リーダーである私が負う」と明言することが有効**です。メンバーを疑心暗鬼にさせないために、自身が最終責任者であり、何か問題が起こったときには責任を持って対応することを保証するのです。

この宣言を最初にすると、チームのメンバーはリーダーが逃げに入ったときの自らの保身を考える必要がなくなります。安心して、心置きなく実力を発揮できるようになるでしょう。

また、リーダーへの信頼感も醸成されます。

大戦期の米国大統領ハリー・トルーマンは、大統領執務室の机に「the BUCK STOPS here!」と記したプレートを掲げていたことで有名です。日本語に意訳すると、「俺が最終責任者だ！」といったところです。

たらい回しや責任逃れをするつもりがないことを座右の銘として周囲の人に明示し、強いリーダーシップで第二次大戦での勝利を米国にもたらしました。私たちもこの故事に習い、最終責任者が自分であることを、リーダーとして堂々と宣言しましょう。

こうした宣言には、メンバーのやる気や実力を引き出すのと同時に、**リーダーが自分自身のモチベーションやパフォーマンスを高められる**効果もあります。何しろみんなの前で宣言するのですから、任された仕事に対する覚悟が固まります。

プロジェクトを失敗に終わらせず、首尾よく成功を手にするためにはどうすればいいのか、またどこが一番重要なクリティカルパスなのか、などポイントを押さえた見方ができるようになります。

自分のためにも、チームのためにもなりますから、リーダーたる者は積極的に「全責任を取る宣言」をしてください。

３秒でポイントチェック

責任から逃げず、メンバーを守ることを宣言するリーダーには人望が集まるし、メンバーの不安も取り除ける。退路を断って覚悟を決める意味でも、積極的に宣言していこう。

「役割指示に徹する宣言」でさらにメンバーに任せるリーダーになる

先ほど、「全責任を取る宣言」をすることをオススメしましたが、同時に「役割指示に徹する宣言」もしてしまいましょう。

これは**リーダーが各メンバーに与えた役割や仕事を、自分が奪うことはしない、メンバーに任せる、あくまでもリーダーは役割指示を与えることに徹します、という宣言**です。

「自分がやったほうが早い、品質がよい」と言って、メンバーの仕事をリーダーが奪うと、仕事を奪われたメンバーは自尊心を大いに傷つけられます。

当然やる気もなくなりますから、パフォーマンスが上がることはありませんし、そもそも割り当てられた仕事がなくなるので、遊んだ状態の人材が生まれてチーム全体での生産性が下がります。メンバーが本来できたはずの経験・失敗もできなくなるので、能力を伸ばすことも難しくなります。

一方でリーダーが役割指示に徹する宣言をすれば、「仕事は君たちに任せた。うまくいかないからと言って、君たちの仕事を奪うことはしない」と各メンバーに保証することになります。メンバーからすれば、仕事を取り上げられて不合格の烙印を押されることはないと事前にわかるだけでも、安心して業務に専念できます。

またこれは、仮に自分の担当範囲がうまくいかなくても、途中でリーダーが業務を肩代わりしてくれることはない、ということも意味しますから、メンバー側に業務遂行への覚悟や責任感を持たせる効果もあるでしょう。

メンバーを信じていることの表明でもある

前項で示したように、最終的なチーム全体での責任についてはリーダーが負うことを別途宣言しています。そのため**この役割指示に徹する宣言は、「リーダーがメンバーの能力を信じてい**

る」と暗に示していることにもなります。

リーダーにそこまで言われれば、メンバーも意気に感じて、自分たちの成果不足でリーダーに失敗の責任を負わせられない、と考えます。自分たちをこんなに信じてくれるリーダーなんだから、なんとかその期待に応えたいと思うのです

各メンバーを信じて任せる、というリーダーの意志を示し、それによってチーム全体のモチベーションを引き上げることができますから、ぜひ、あなたも「役割指示に徹する宣言」をするようにしてください。

3秒でポイントチェック

メンバーは、自分の能力不足で仕事を取り上げられて、失格の烙印を押されることを恐れる。リーダーは指示役に徹することを明言して、メンバーの安心と覚悟を引き出そう。

自分の不足を開示して協力的な空気をつくる

多くのリーダーは、メンバーの前ではつい完璧な人間になろうとしてしまいます。「自分はリーダーである」という気負いが暴走している状態です。

しかし、そもそも完璧な人間なんていません。

仮に完璧に見える人がいたとしても、そういう完璧超人には近寄りがたさを感じてしまいますから、そういうリーダーにメンバーは気ラクに相談できません。

「あの人は、欠点のないところが欠点だ」という表現もあります。完璧すぎる人を見ると、そうでない人はイヤ味すら感じてしまうのです。親近感が湧かず、どうせ自分の気持ちなどわかってもらえないだろう、などとも思われがちです。

このように**完璧すぎる人には人望が集まりにくいのですが、その人にわかりやすい欠点が一つでもあると、一気に周囲の人の受け止め方が変わります。**「あの人は仕事ではすごく優秀なのに、実はおっちょこちょいなところもあるよね」と。

人というものは、誰しもどこかで人とつながりたいと思っています。そのつながりの感覚を生むのは、ちょっとした共感です。

あんなに有能な人でも、インスタントコーヒーと粉のコーヒー豆を間違えたりするんだ。そういえば、私もあのミスをしたことがあるな。意外とおっちょこちょいなところもあるんだな、と共感が湧き、親近感を抱くようになるのです。

リーダーが完璧になんでもこなしてしまうと、メンバーは手を出すことも、意見を言うこともできません。この状態ではメンバーの存在感はなくなり、とにかく黙ってリーダーの指示に従う、という受動的な組織になってしまいます。

そうした状態に陥ることを避け、能動的で、メンバー一人ひとりが自由に意見を言い合えるチームにするには、リーダーも決して万能ではなく、弱いところ、できないところもあることをあえてメンバーに見せることが有効です。

誰かの役に立ちたい本能

実際のところ、リーダーのみなさんも決して完璧ではないはずなので、ありのままに「私は○○の業務は苦手なので、そこはみんなに手伝ってほしい」とか、「自分は△△の分野ではまったく経験がないので、経験者は力を貸してほしい」などと、積極的に自分に足りていないところを開示していきましょう。

それを聞いたメンバーは勝手に共感や親近感を抱き、「私ができることなら喜んで！」「自分も役に立てるなら」と、頼られる喜びや誇りを感じつつ協力してくれるでしょう。

人は本来、誰かのために役立ちたいという本能を持っていて、自分のしたことで誰かから「ありがとう」と言われることが大好きです。

リーダーが弱みを見せ、力を貸してほしいとメンバーを頼ることで、メンバーのやる気が爆発し、リーダーを助けたいという気持ちも芽生えてきます。

リーダーへの親近感も生じるので、気ラクに相談したり、ためらわずにボトムアップでの提案をしたりできる雰囲気づくりに役立ちます。
リーダー自身も肩の力が抜けて、仕事がしやすくなるメリットが期待できるでしょう。

3秒でポイントチェック

リーダーには多少の不足や苦手があったほうが、むしろメンバーからの親近感を集めやすい。自分から弱みを開示して協力を求めることで、頼られたメンバーのやる気が上がり、チーム内での協力関係も深化する。

「役職に関わらず全員リスペクト宣言」をする

多くの日本企業では、年功序列型のメンバーシップ型人事制度を採用しています。最近になって欧米型の「ジョブ型雇用制度」を導入する企業も増えてきましたが、実態はまだまだ、従来の年功序列型が多いのが現状でしょう。

年功序列型をベースに、いわゆる「役割行動給」の要素を組み合わせた人事賃金制度を運用している企業が多い印象です。

そうした年功序列の色が濃い組織では、多くの社員は定年退職までその会社で仕事をします。

そのため、入社した年度や勤続年数が昇給・昇格に大きく影響します。

結果、無意識のうちに、「役職者」は偉い人・目上の人だとの認識が社員に刷り込まれてしまいます。ときには役職者自身が「自分は役職者だから、有能で偉い」と勘違いしてしまう例もあります。「部下は、俺の言うとおりに動けばよい」と考えるようなリーダーです。困ったことです。

世のなかの変化が緩やかだった牧歌的な時代には、役職者や目上の人の経験が、そのまま業務でのスキルや技術の差になっていました。

「リーダーや先輩の言うことには従っておいたほうがいい」と考える人が多数派でした。

役職者の言っていることが現場の実態からズレているな、と思うことがあっても、メンバーはよほどのことがないかぎりは反論もせず、納得はしていないけれど「とりあえず、やっておくか」と対処してくれていました。

自分で納得していないのでよい仕事にはなりませんし、それどころか、できればやりたくない仕事なので、できない理由を一生懸命探して逃げ回るようになります。極めて生産性の低い状態です。

しかし、そうした状態にあるメンバーたちを責めるのは間違いでしょう。
なぜならそれは、リーダーがつくり出した世界だからです。
状況を改善したいのであれば、まずはリーダー自身が認識を変え、メンバーにも同じような認識の変化を促していくしかありません。

宣言したなら有言実行

現在は世のなかの常識が超ハイスピードで変化する世界で、**役職や肩書きがあることと、業務でのスキルや能力の高さが比例しません。**すべてが不確実な世界です。

そのような状況では、今求められている仕事をうまくこなせる人材を、役職や肩書きにこだわらずに重用して適正に評価していく必要があります。それができない組織は、滅びるしかありません。

年功序列的な古い体質のチームをつくらず、臨機応変に世間の変化に対応できるチームをつくるために、リーダーは早い段階で「**役職や肩書きは、役割を示すものでしかない**」ことを認識することが求められます。さらに、それをメンバーにも明示していきましょう。

「役職や肩書きは組織内の役割を示すものでしかなく、私はメンバーを全員平等に評価します。間違っていてもいいから、感じたことや思ったこと、提案したいことはドンドン声に出して私に届けてほしい」

あなたの上司から、このように言われたらどう思うでしょうか？

実はこのセリフは、20年ほど前に私自身がかつての上司に言われたセリフです。この言葉を聞いたとき、私の身体には衝撃が走りました。

今なら当たり前に思うかもしれませんが、当時はまだ年功序列が企業社会の鉄の掟《おきて》だと考えられていた時代です。「なんて開かれた人だ。私たちを認めてくれている。リスペクトしてくれている」と、声にならないほど感動したことを覚えています。

リーダー自らが、こうした「役職に関係なく全員をリスペクトする宣言」をすると、**チームのメンバーたちは、自分の頑張りが不公平なフィルターを通さずに評価されるかもしれないと期待**します。

感じたことや提案を、リーダーに安心して伝えられるようにもなります。

現場の生の声が耳に入るようになり、リーダーは「裸の王さま」になることを防げます。

いいことばかりなので、ぜひそのように宣言しましょう。


なお、宣言したからには、実際に人事評価もそのように行わなければなりません。

役職や肩書きに関係なく評価すると言っておいて、実際には思い切り配慮していたら、メンバーに嘘を言っていることになりますから信頼は一気に地に落ちます。

会社のルールなどでそれが難しい場合には、この宣言は最初からしないほうがいいケースもあるでしょう。

3秒でポイントチェック

変化が激しい時代には、役職や肩書きに囚われていては生産性が高いチームはできない。仕事の成果については、それらに関係なく平等に評価することを明言すると、チームの底力を引き出せる。

やるかどうかもメンバーに決めさせる

第1章でも少し紹介しましたが、私の尊敬する上司が常々言っていたのが「人は、自分で決めたことにしか動かない」という言葉です。

「まったく、そのとおりだな」と当時も思っていましたが、経験を重ねれば重ねるほど、その思いが強くなっています。

私たちは仕事で、「これやっといてね～」とか「じゃあ、お願いね」と言われたことも、一応はやります。

しかしそのときのやる気は、自分で決めた職務、自分で「やる」と言った業務に対して見せるやる気とは、まるで違います。

自分で決めたことであれば、困難な仕事であってもやり遂げようと強く思います。たとえ誰かに止められても、あるいは多少の障害があっても、なんとかして達成しようと考えます。「誰かに言われたのではなく、自分で決めたのだ。自分で決めた以上、やり遂げよう！」という意識、それは「自分に対するプライド」と言ってもいいかもしれません。

自分に対するプライドほど強いものはありません。

リーダーはとにかく忙しいので、メンバーに仕事を指示するとき、「じゃあ、お願いね」などと簡単に言ってしまう場合がよくあります。

しかし重要な仕事や、本人がやるかやらないか迷うような仕事では、そんな頼み方ではメンバーの気合いが入りません。

気軽に頼むのではなく、その仕事の持つ意味や、会社としての狙い・目的などをしっかり話し、できればやるか・やらないかの判断もメンバー自身に委ねるようにしましょう。

メンバーに考える時間を与え、メンバー自身に決めてもらうのです。

その結果、メンバーが「私がこの仕事をやります！」と言ってくれたなら、あなたの感謝の気持ちと、全力でバックアップすることを伝えましょう。間違っても「自分で言ったのだから、全部自分でやれよ。責任も持てよ」などと突き放してはいけません。

メンバーは多くの不安を抱えながらも、「自分でやる」と勇気を持って決断したのです。「あなたの期待に応えたい」という思いから決心したのかもしれません。

あなたの感謝の気持ちと「バックアップするよ」のひと言で、メンバーは「『やる』と言ってよかった」「チャレンジしてよかった」と思えます。安心して仕事に臨《のぞ》めます。

高い確率で、成果もしっかり出してくれるはずです。

断わられることは滅多にない

ちなみに、もしその場で突き放すようなことを言ってしまったら、信頼関係が一気にくずれかねません。くれぐれも、度量の狭いことは言わないようにしてください。

またメンバーに担当するかどうかの判断を任せて、もし誰も担当してくれなかったらどうするのかと心配になるかもしれませんが、**困難な仕事を任せたいと思うほど実力があるメンバー**

であれば、たいていは自発的に手を上げてくれるものです。

事情があって受けられないとメンバーが言うときには、実際に無理なことが多いので、強引に任せてもうまくいきません。あまりこだわらずに、次に期待しているメンバーに話を振るなどすれば、いつまでも担当者が決まらない、なんてことにはそうそうならないでしょう。

3秒でポイントチェック

困難な仕事をメンバーに振るときは、その仕事の重要性をよく説明したあとで、メンバーに担当するかどうかの判断を委ねてみよう。担当してくれることをメンバーが自分で決めたなら、やり抜く覚悟が彼らに宿る。無理にやらせても、それなりにしかやってくれない。

「これだけは必ず守る」ルールは明示しておく

チームの発足段階で、リーダーがメンバーに早めに伝えておきたい内容として、**「これだけは必ず守るルール」の明確化**があります。

メンバーとしてリーダーから任された仕事に従事しているとき、そのリーダーからちょくちょく追加の注文が入ったり、口を挟まれたりしたらどう思いますか？

あまり細かく指摘が入ると、「あ〜、面倒くさい！」とか「最初から言ってよ！」などと思うでしょう。

頻繁にこのような状態になるようだと、メンバーは何をするにしても、いちいちリーダーがどう考えているのかお伺いを立てたり、リーダーの動きも気にしながら自分の仕事を進める、という窮屈な状況に追い込まれます。

これでは、メンバーは自分の裁量で工夫して仕事をすることができません。

メンバーは少しでも自らの工夫や裁量で仕事ができると、やる気を向上させ、成果につながります。前にも述べたとおりです。ほかにもスキルや能力を成長させたり、チームとしての一体感をアップさせたりするにも、仕事における裁量の余地は不可欠です。

リーダーにお伺いを立てないと何も進まないチームでは、結局はリーダーの枠を超えられませんし、メンバーのモチベーションもドンドン落ちていくでしょう。

ある程度はルールがあったほうがメンバーはラク

このような状態にチームを陥らせないために、リーダーはメンバーに対して、最低限守ってほしいと考えるルール＝「これだけは必ず守るルール」の明確化をしてください。

そのルールの範囲内であれば細かいことはメンバーの裁量に任せる、というリーダーからの明示的な事前指示です。

このとき、チーム共通のルールだけでなく、役割や業務範囲ごとのルールを設定してもかまいません。

たとえばチーム共通のルールとして、「手順書がある場合は、その手順書どおりに作業を行う」というルールを示し、同時にクライアントとの折衝をするメンバーには、「上流過程の基本設計に影響が出る仕様決定については、その場で了承せず、必ずいったん社に持ち帰りリーダーの判断を仰ぐ」ルールを設定する。このような形です。

大枠のルールを明確化しておくと、各メンバーが日々の仕事のなかで勝手に進めていいことと、リーダーの許可なく実行してはいけないことを事前に判別できます。

細かいことでいちいちリーダーに判断を仰がなくてもいいので、時間の節約になりますし、ルールの枠のなかでは工夫しながら自分の裁量で仕事を進められるので、やりがいも大いに生まれます。チーム全体の生産性を向上させる効果もあるでしょう。

また、これらのルールを明確化するには、リーダー自身もどこまでならメンバーの裁量に任せられるかをよくよく検討する必要があり、その過程でリーダー自身の成長が期待できます。

さあ、あなたは自らのチームに、どのような「これだけは必ず守るルール」を示しますか？

リーダーとしての度量を示す、必要最低限なルール設定を期待します。

ちなみに、ルールの内容をチームの成熟とともに変化させていっても大丈夫です。状況の変化や必要性に応じて、ルールを追加することも問題ありません。ただしあくまでも大枠のルールですから、多くなりすぎないようには気をつけてください。

チームの共通ルールは、多くても10個以内に抑えたいところです。

3秒でポイントチェック

早い段階で「これだけは守るルール」を決めておくと、それ以外は自由にできるのでメンバーのモチベーションが上がりやすいし、煩雑な意思確認の時間も節約できる。チーム全体の生産性も上がる。

「まだやったことがない案件があるけど、どうする？」と機会を提供

よく「チャレンジは大事だ！」などと言われますが、チャレンジにはリスクがつきまといます。失敗したときのことを考えると、なかなか新しい挑戦には踏み出せません。

しかも組織というのは褒めることをあまりしません。大きな組織であればあるほどそうです。本人はリスクを冒し、勇気を持ってチャレンジして成功したのに、本人が思うほどには人事面や賃金面で評価されなかったり、リーダーや周りの同僚から評価されなかったりします。

一方で新しい挑戦に失敗しようものなら、大変に責められたり、給与やボーナスに大きく影響したり、はたまたプロジェクトから出入り禁止の通達を受けたりします。

先輩や同僚がそんなふうに対応される様子を見ていたら、「新しいチャレンジをしなくては先がない。ドンドン挑戦しよう！」などと上層部から言われても、みんな賢いので、そんな危険なことはしなくなります。

つまり新しい挑戦は何もせず、じっと身を縮めてルーチンワークばかりをして、とにかく失敗しないことに意識を注ぐことが最適解となります。

これこそが、日本の失われた20年、30年の要因であると、もうずっと言われ続けています。だからと言って、実際に挑戦して成功しても褒められないのに、失敗したら大損するという環境が変わらなければ、多くの人は同じ行動をし続けます。失敗もしないけれど、成長も、大きな発展もしない組織の出来上がりです。

膠着状況を打ち破れ！

この膠着《こうちゃく》状態を破り、新たなチャレンジをする人材がどんどん出てくる環境をつくるには、どうすればいいのでしょうか？

正解は、**リーダーが態度を変えればいい**のです。

まずはリーダーであるあなたが積極的にチャレンジを推奨し、メンバーの挑戦心や好奇心の背中を押してあげることです。

チャレンジへの一歩は勇気がいります。新しいことをしたいと考えているけれど、勇気が出ずに誰かに背中を押してもらえないかと悩んでいる人がいます。リーダーがその背中を押してあげましょう。

具体的には、「まだ誰もやったことがない案件があるんだけど、やってみない？」とリーダーから挑戦を勧めれば、メンバーとしては仮にその挑戦に失敗しても、リーダーの指示でやったことだからと言いわけができます。会社内で責められたり、評価を下げられたりする危険性は低いはずです。

またリーダー自身が勧めていることですから、リーダーや周囲のサポートも期待できるでしょう。成功したときに正当な評価をしてもらえる可能性も高いはずです。

もともと、人間は何か新しいことに挑戦したい生き物です。

機会を提供しさえすれば、新たな一歩がスタートするかもしれません。

リスクばかりを見ず、担当者や技術者をワクワクさせて、新しい挑戦を促していきましょう。

そしてもう一つ、**実際に失敗したときに担当者を責めない**こと。別途後述するように、失敗から何を学んだか、視線を過去ではなく未来へ向けることが大切です。

リーダーのそのような姿勢・言動を、当事者だけでなくチームのみんなが見ています。失敗しても責任を求めず、逆に挑戦したことを褒めてくれる態度が継続されていれば「あぁ、失敗しても前を見ていればいいんだな」という組織文化が次第にできていきます。

だからと言って、わざと失敗するとか、成功に執着しなくなるような人間は誰もいませんから、ぜひそうしたチャレンジ精神にあふれたチームをつくっていきましょう。

3秒でポイントチェック

挑戦してリスクを取るより、失敗しないようにするほうが安全という膠着状態を脱したいなら、リーダーが挑戦に前向きになり、実際に失敗した人を責めないことが必須。

30秒でこの章のまとめ

☑ 人は、自分で決めたことにしか本気では動かないので、メンバー各自に「これは、自分でやると決めた仕事だ」と思わせることが大切。

☑ まずはリーダー自身が「人は、自分で決めたことにしか動かない」ことに納得する。毎日、自分に言い聞かせて自分自身を「洗脳」するとよい。

☑ 上から降ってきた指示の範囲内で、メンバーに自分の仕事やその遂行方法を提案させることで、トップダウンとボトムアップの上手な融合ができる。

☑ メンバーの提案が要求水準に足りないときは、提案内容の一部を褒めて（YES）から、足りていない部分を指摘し、さらなる提案（MORE）を求める。この「YES & MORE」話法ならスムーズに調整ができる。

☑ 年間目標を決めるときなどには、リーダーとメンバーであーだこーだと相談しながら決める。こうした共同作業こそがチームの一体感をつくる。

☑ 責任から逃げない、メンバーの仕事を奪わない、役職に関係なく全員を尊重する、必ず守るべきルール……などをあらかじめ宣言しておくと、メンバーが安心して動けるようになる。また自分から弱みを見せることでも、メンバーからの親近感を得られる。

☑ 困難な仕事をメンバーに振るときは、やるかどうか自身に決めさせる。断られることは滅多にない。

☑ メンバーに挑戦してほしいなら、実際に挑戦して失敗した人を責めたり、低く評価したりしないこと。

第4章

モチベを引き出す！
メンバーとのコミュニケーション術

役者になったつもりで臭いセリフを口にする

メンバーに指示を出すときのリーダーの声の調子や話し方、あるいは言葉の選び方で、メンバーのやる気は驚くほど変わります。

リーダーにとってはメンバーに指示を出すことは日常なので、つい何も考えずに喋ってしまいます。しかし**メンバーにすれば、リーダーからの指示には重みがあります。**また指示の内容を受け取り間違えたりしたら怒られますから、リーダーの様子や話し方などには、いつも細かく注意を払っているものです。

リーダーはメンバーに接するときにはいつでも言葉遣いや話し方、仕草などに細心の注意を払い、メンバーにやる気を出させることを意識すべきでしょう。

「指示のたびにいちいち気を遣って話すなんて、やっていられないよ」と思った方は、リーダーの役割を思い出してください。

リーダーの役割は、チームに１００％の力を発揮させ、成果を出すことです。

リーダーのちょっとしたひと言でメンバーのやる気が上がり、成果につながるのであれば、こんなに簡単なことはないと思うようにしましょう。

新規顧客を開拓したり、新機軸の商品を開発したり、エンドレスの電話営業をしたりしなくても成果が向上するのです。メンバーへの接し方を変えるくらい、なんでもないことのはず。

それでも心理的な抵抗を感じるのであれば、**職場にいるときの自分は「役者」だ**と思うようにしましょう。


職場でのあなたは、リーダーという役割を演じる役者です。

あなたの給料には、メンバーをやる気にさせる演技力への報酬も入っているのです。

加えて、役者としてリーダーを演じている心理状態をつくると、いわゆる「素面《しらふ》では言えない臭いセリフ」も、スッと口から出せるようになります。

たとえばメンバーになんらかの仕事を指示する際、そのメンバーの長所や特徴を押さえつつ、「A君はコミュニケーション力と調整力があって、粘り強さもあるから、関係者が多いこの仕事はぜひとも君にお願いしたい」とか、「あなただから、この仕事をうまくこなせるはずだと信じているよ」などと伝えれば、言われたメンバーはあなたの期待を感じ、自尊心をくすぐられて大いにやる気を出してくれるでしょう。

「そんな小っ恥ずかしい言葉をメンバーにかけるなんて、気恥ずかしくてゼッタイにできない！」と感じる方でも、役者として演じているだけだという意識を持つと、意外と言えるようになります。ぜひ、試してみてください。

語尾が替わるだけでも印象チェンジ

このほか、メンバーに指示をする際の言葉の語尾を「〜せよ」とか「〜しろ」、「〜できるよな？」といった問答無用の強制的なニュアンスのある語尾ではなく、「〜できないかな？」とか「〜してくれることを期待している」といった**柔らかいニュアンスの言葉に変えるだけでも、メ**

ンバーの感じるリーダーへのイメージは大きく変わります。

それだけのことでもメンバーは、リーダーから大事にされている、リスペクトされている、私の意思も尊重してくれていると実感するのです。

たった数文字の違いでチームの雰囲気を改善できますから、これも役者として理想のリーダーを演じているつもりで、多少の気恥ずかしさは無視して口にするようにしましょう。

3秒でポイントチェック

役者として理想的なリーダーを演じている意識になると、気恥ずかしさを感じることなく「臭いセリフ」を口にしやすい。メンバーに指示を出すときには、この心理技術も活用して、彼らに寄り添う言葉を増やしていく。

メンバーの性格タイプを見極め それぞれに合った言葉をかける

突然ですが、あなたはどのような性格でしょうか？

おっとりしている、せっかち、活発的、おおらかなど、性格にもさまざまなタイプが存在します。

「なぜ性格の話をするのか？」と思われたかもしれませんが、とても大事な理由があります。

現代は、かつてのように「とやかく言わず、指示どおりに働け！」とトップダウンで命令を出して、それで組織が回っていく時代ではありません。そんなスタイルでは、遅かれ早かれパワハラの恐れを指摘されてリーダーから外されてしまいます。

働き方についての常識や考え方は急激に変化しており、**メンバーそれぞれがやりがいを持って働けるように、仕事の指示もそれぞれの性格に適した方法で行うことが求められています。**

わかりやすい例で言うと、「私、褒められて伸びるタイプなんです」という人に、高圧的に指示をしたり、叱りつけたりしても、そのメンバーのやる気が大きく下がるだけで、あまりよい成果にはつながりません。

かつては、それは甘えだとされてメンバーの側がリーダーに合わせることを求められましたが、今は完全に逆です。リーダーのほうが、メンバーに寄り添っていくことが当然とされます。

そのような現状では、リーダーにはチームの各メンバーの性格を把握し、それぞれの性格に合わせた指示内容や指示の与え方を考慮することが求められます。

それも、現代のリーダーの仕事の一つだと認識しましょう。

一般的な分析手法でOK

メンバーの性格をどう捉えるかは、どんな方法でもかまいません。

メンバーがやる気になるスイッチがどこにあるのか、逆にやる気をなくすのはどういう場合か、その二つを押さえられれば分析の手法にこだわる必要はないでしょう。

たとえば、比較的シンプルでわかりやすい性格診断法の一つとして「**DISC理論**」があります。1920年代にアメリカのウィリアム・M・マーストン博士が提唱したコミュニケーション理論で、人の性格や特性、行動パターンを四つのタイプに分類し、各タイプ別に適切なコミュニケーション方法を提唱しています。

具体的には、人間の行動傾向を「D＝Dominance：**主導型**」、「I＝Influence：**感化型**」、「S＝Steadiness：**安定型**」、「C＝Conscientiousness：**慎重型**」の4タイプに区別します。

「D＝Dominance：主導型」タイプのメンバーであれば、責任感と自信があり、リーダーシップもあります。

チャレンジングな仕事であることを伝え、あなたの期待も伝えれば、メンバーは意気に感じて積極的に仕事に臨んでくれるでしょう。

「I＝Influence：感化型」タイプのメンバーは、社交性があり楽観的なところが特徴です。発

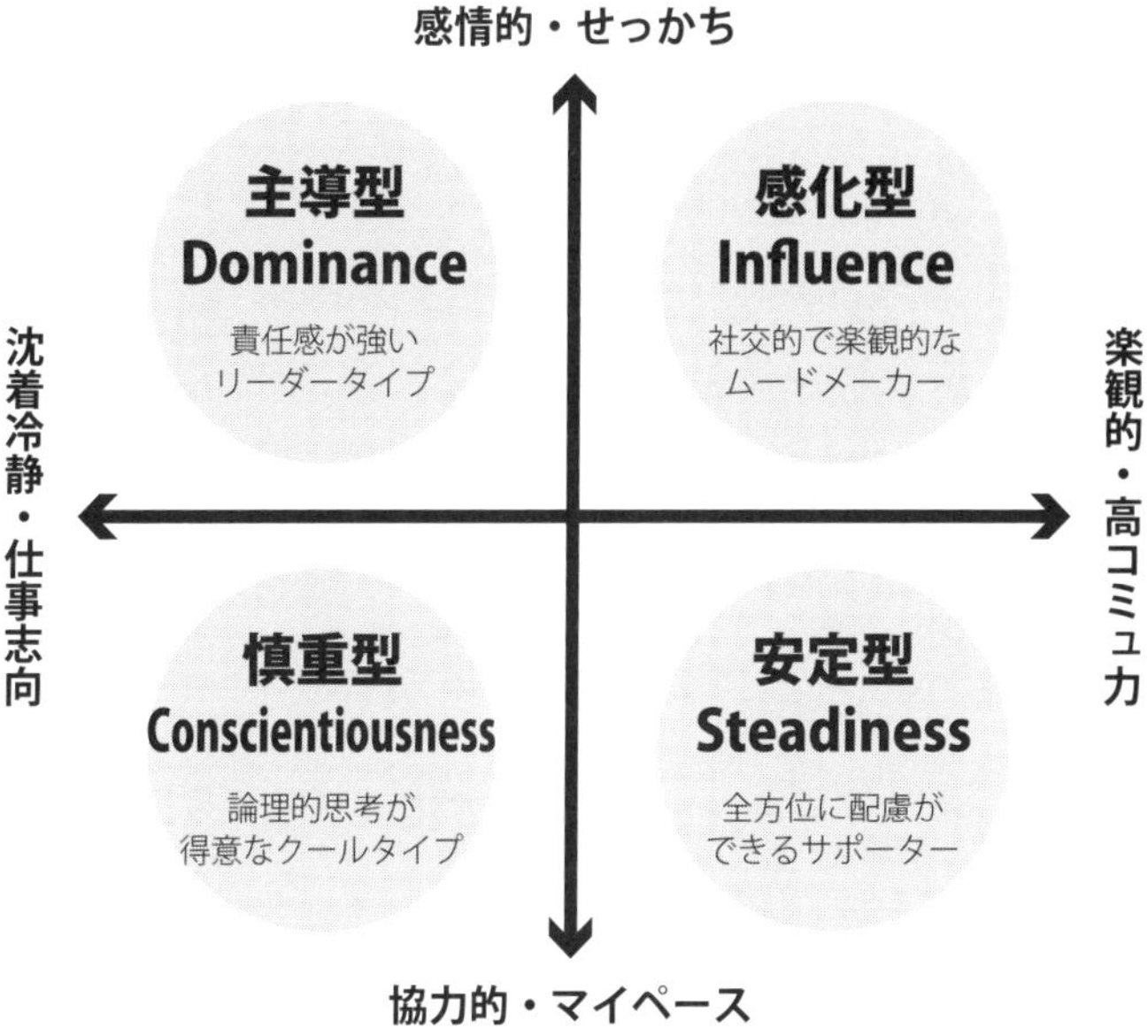

想が豊かであり、対人関係にも優れた能力を発揮します。

このタイプのメンバーには、「あなたならではのアイデアに期待している」などと得意な発想力に期待をかけ、提案を促すと、本人もやる気になりますし、多様な提案を得られます。

３つめの「S＝Steadiness：安定型」タイプのメンバーは、人への配慮ができ協調性のあるタイプです。

自分に対する他者からの評価を気にするところもあります。

このタイプのメンバーには、彼らの

これまでの行動からよいところを探し、そこを肯定して感謝の言葉を伝えながら、新しい仕事を依頼するようにしましょう。「前回もありがとう。今回も期待しているよ」という感じです。

こうした言葉がけで、本人も自己肯定感を高めて評価への不安を解消します。安心して頑張ってくれます。

最後の「C＝Conscientiousness：慎重型」タイプのメンバーは、論理的に考えることを得意としています。計画的に仕事を遂行する力を持つタイプで、間違いのないように細部を確認できる慎重さを持ち合わせています。

その能力を活かせるように、指示の仕方はできるだけ論理的、具体的、定量的にするように意識しましょう。「あなたのデータ分析力が詰め込まれた企画書を期待しているよ」などと依頼すると、本人も受け止めやすく、仕事へのモチベーションも上がります。

本人が納得するのに時間がかかるタイプなので、せっかちに督促しすぎないことも大事です。

DISC理論による詳細な分析には企業単位での申し込みが必要なことが多いですが、簡易分析であればネット上のウェブサイトやアプリなどで無料で試せるので（本書執筆時）、コミュニケーションの一環としてチームミーティングのときにでも「DISC性格診断」をしてみると、お互いの性格がわかり合えて相互理解につながります。

本人に分析してもらわなくても、リーダーが「○○さんは、多分Cタイプだな」とおおよその見当をつけて、その予想に合わせた対応をするだけでもメンバーの満足度や日々のモチベーションは大きく変わってくると思います。

あるいは、**ほかにも性格分析のツールはいろいろとあるので、それらを利用してもかまいません。**大事なのはそれぞれの性格に合わせた対応を取ることでメンバーのやる気を引き上げ、チームの成果を向上させることであり、手法はなんでもOKです。

実際にマイクロソフト社などでは、ギャラップ社が提供する「クリフトン・ストレングス・ファインダー」という性格診断の結果を名札の裏に記載し、初めて一緒に仕事をする際にはその分析結果を見せ合い、理解し合ってから仕事をする、ということもしているそうです。

NECをはじめ多くの日本の大手企業でも、こうした性格パターン診断を取り入れています。

性格診断でそれぞれの性格の特性を押さえると、今までは理解できなかったことも、理解して受け入れられることが多々あります。
相手の性格を押さえて仕事をするのとしないのでは、ストレスの度合いも大きく違います。積極的に活用していきましょう。

3秒でポイントチェック

無料で使える各種の性格診断ツールを活用し（会社で契約しているものがあればそれを利用し）、各メンバーの性格タイプを把握しよう。それぞれに合った対応を心がけるとより生産的になる。リーダーが勝手に分析するのでも、しないよりいい。

どんな報告にも「ありがとう」と「聴く9割」

担当している仕事で想定外の悪い事象が発生し、自分のリーダーに報告すべきか、自分のなかで収めて解決するか、悩む場面に出くわしたとしましょう。あなたは進んで報告しますか？
また、過去を振り返って、これまで躊躇なく報告できていたでしょうか？

悪い内容の報告をするのは、誰であっても気が重いものです。

「いったい君は何を見ていたの？　何していたの？」と叱られるかもしれませんし、自分の評価が下げられてしまうかもしれません。

勇気を出して報告しても、「いちいちそんな細かなことを報告してくるな！」とか、「事前に精査して報告してくるように」と報告の仕方にケチをつけられることもあります。

当然、メンバーも同じことを心配しています。

悪い内容の報告をしたとき、自分のリーダーが頭ごなしに怒ってきたり、細かいケチをつけてきたりすれば、そのメンバーは次からは正直に報告したり、こまめに報告したりしなくなります。

悪い内容でも正直に報告しているのに、かえって損をするのですから当たり前です。いくら「細かく報・連・相しなさい」と言ったところで無駄です。

それなのに、いざ問題が大きくなったら「なぜ、もっと早くに報告しなかったのか！」などと怒るのですから困ったものです。

リーダーの普段のふるまいこそが、メンバーにもっと早い報告をさせなかった原因です。

こうした事態に陥らないよう、普段からメンバーのどんな報告に対しても、「ありがとう」とまずは報告してくれたこと自体に感謝を示すようにしてください。

そのうえで「聴く９割」に徹します。つまり基本的にメンバーに喋らせて、途中でその報告を遮らないようにします。

リーダーが途中でメンバーの報告を遮って喋りだしたら、メンバーの側からそれを止めるのは困難です。結局、報告内容が中途半端になってしまいます。

上がってこない報告は検討すらできない

現場で起きている問題がチームやプロジェクト全体にどれくらい影響を与えそうか、それは全体を見ているリーダーにしか判断できません。そのため、**プロジェクトの一部分しか見ていない現場の担当者に、問題の大小を判断させてはいけません。**

些細に思えることでも、現場の担当者が何か違和感を持ったら、遠慮なくリーダーに報告できる環境をつくり、こまめな報・連・相を実現するのが大切です。

さもなければ、都合のよい報告しか上がってこなくなり、リーダーは裸の王さまとなり、ある日突然、大問題が発生します（本当は全然突然ではないのですが、裸の王さま状態のリーダーには突然に発生したように感じられます）。

上がってきた報告は取捨選択できますが、上がってこない報告はどうすることもできません。
メンバーのどんな報告に対しても「ありがとう」と「聴く9割」に徹し、それにより、普段からメンバーがリーダーになんでも気ラクに報告できるチーム環境をつくることが大切です。

3秒でポイントチェック

普段から、よい報告でも悪い報告でも、とにかく報告してくれたことに感謝を示しておくと、こまめな報・連・相が実現できて突然のトラブル発生を防げる。報告途中に遮らないことも大事。

アドバイスは最初に一つ褒めてから

メンバーから成果物の報告が上がってきたときに、リーダーの期待していたものとはかけ離れた結果だったら、あなたはどのようにふるまいますか？

ＮＥＣ時代、中央官庁のあるクライアントと働いていたときに、私が作成した報告資料の日付と曜日が一部間違っていたことがありました。

クライアントの係長はその誤りに気づくと、顔を真っ赤にして「こんな資料、信用できるかっ！　馬鹿野郎!!」と言って、その場で資料を破ると私に投げつけてきました。

確かに、間違いは間違いです。「一事が万事」で、日付と曜日が間違っていたらほかにもミスがあるかもしれません。その間違いに気づくまでに、係長の貴重な時間を浪費させてしまったのかもしれません。

そのため、クライアントの係長が言っていることにも一理あることは、当時の私にもわかっていました。

しかしその頃、私はトラブル続きだったその係長の所轄業務を安定させるために、深夜まで残業して毎日十数件ものレポートを作成していました。状況はその係長も知っていたので、多数のレポートのうち一つに生じた些細な誤記でそこまで厳しい態度を取られたことに、当時の私は大変腹立たしい思いをしました。

今だから言えますが、怒鳴られながら心のなかで「こんなヤツのために、二度と全力で頑張ったりするものかっ！　会社のためにやることはやるけど、もう、必要最低限のことしか絶対にしない！」などと考えていました。

「些細なものであっても、間違いをするほうが悪い。最初から間違えなければよい」という考え方もできますが、**人間である以上は必ずミスをします**。

普段ならしない単純ミスも、激務が続いたり、そのせいで睡眠不足になったりしていれば起きるものです。それはその担当者のミスでもありますが、激務を指示したリーダーの責任でもあるでしょう。

メンバーのミスはもちろん指摘しなければなりませんが、その際にも頭ごなしに怒るのではなく、そのミスに至るまでにメンバーがどのような状況に置かれてきたか、また彼らの頑張りを想像し、**認めるべきところは認めてから指摘することが鉄則**です。

なんでもいいから、まずは褒めて感謝する

ミス等ではなく、報告・提出された成果物のクオリティーがあなたの期待した水準以下だった場合にも同様です。

メンバーはリーダーの期待に応えるために、彼らなりに頑張ったはずです。特に若手のメンバーなどは、まだ経験やスキルが足りないのですから、期待値以下の成果物が出てくるのがむしろ当然です。

目の前の水準不足に意識を取られ、リーダーはついつい、どこを修正するべきかをすぐにアドバイスしようとしてしまいますが、いったん止まれです。

アドバイスより先に、一瞬でもメンバーの頑張りに思いを馳《は》せ、それを認める言葉をかけてください。

「このパワーポイントの色使い、センスがいいね～」と、褒めるところはなんでもかまいません。成果物の内容が褒められないなら、レイアウトとかデザイン、仕上がりまでの時間、頑張っていた姿など、内容とは直接関係のないちょっとしたことでもいいので、とにかく何かいいところを見つけて一つ褒めます。

そのあとであれば、「ここは違っているね」とか、「ここは、もっとこうしたほうがいいよ」とか、存分にミスの指摘やアドバイスをしてかまいません。

最初にひと言でも褒め言葉やねぎらいの言葉があることで、メンバーは頑張ったことを認めてもらえた、リーダーに受け入れてもらえたと感じます。そのあとにあれこれ指摘されたとしても、その言葉は「あ～、私のために言ってくれているのだな」と素直に耳を傾けられます。

一方で、開口一番「なんだこれ？　やり直し!!」と言われたら、殊勝な顔をしてその後の小言を聞いていても、かつての私のように「二度と、あんたのために頑張ったりしない！」と心のなかで決意しているでしょう。

メンバーの次へのやる気を高めるには、目の前の成果物の報告に対しリーダーができるかぎり広い心で対応し、まずはとにかく一つ褒める。それから、言いたいことを言うようにしてください。

3秒でポイントチェック

メンバーから報告された内容にミスがあったり、期待した水準以下だったりした場合でも、すぐに悪いところを指摘して修正を指示するのではなく、なんでもいいので一つは褒めてメンバーの頑張りを認める。言いたいことはそのあとに言うようにしないと、メンバーのモチベーションがダダ下がりする。

注意したあとは失敗談で自分も落とす

メンバーの頑張りを尊重し、彼らの声を聴くことの重要性を述べてきました、しかし、当然ですが叱らなければならない場面ではしっかり叱ることも重要です。

ただし叱るにしても、その際にほんのひと言を加えるかどうかで、その後にメンバーがすぐ前を向けるか、なかなか回復できないかが分かれますので、そのひと言をお伝えしましょう。

私は若い頃、よく失敗しました（今もかもしれません・笑）。

特に30代の頃などは、ちょっと仕事ができるようになってリーダーや先輩からも褒めていただいたせいで、怖いもの知らずの天狗になっていました。

天狗になっていると、注意力散漫になります。あるとき、とんでもないミスを犯してしまいました。不注意で社員証を紛失したのです。

NECは情報システムのセキュリティに関する仕事も多数請け負っている会社です。詳細は書けませんが、大問題になりました。

当然、当時の上司からもこっぴどく叱られました。

社員証の紛失という明白な失敗があり、言い逃れもできず、私は悔しくて、自分が情けなくて、また大変恥ずかしく、もうこの会社での将来はないだろうと考えるまで落ち込んでいました（実際、人事評価上の大きな減点になったはずです）。

前日までの天狗状態は吹っ飛び、お先真っ暗と感じるほどの精神状態になっていました。

リーダーからの叱責と事後的な対処の指示が終わり、うなだれたまま仕事に戻ろうとした私に、当時のリーダーがマジックワードを投げかけてくれました。

「**俺も、若い頃はよく失敗したな〜**」と、笑いながら言ってくれたのです。

その瞬間、私は「救われた」「これでなんとか、明日も会社に来られる」「頑張ってミスを取り返そう」と前を向くことができました。

今にして思うと、当時のリーダーは私が天狗になっているのを見透かして、あえて厳しく喝を入れてくれたのでしょう。

「調子に乗っていると痛い目にあうぞ。もっと足元を固めろ」と。

そのうえで、そのままだと私が落ち込みを長く引きずってしまうかもしれないため、最後に「俺も以前は失敗したな」と自分を落とし、ちょっとした笑いも添えることで、私に対して完全に失望しているわけではないこと、今後のリカバリーに期待していることなどを暗に示してくれたのです。

その最後の言葉によって、私は反省すべきところは反省しながらも、この失敗を引きずらずに問題の事後的な対処に当たることができました。将来を悲観することもなく、前向きなメンタルを維持できたのです。

それ以降、私自身がリーダーとしてメンバーを叱らなければならないときにも、最後には「私も、昔はよく失敗したよ～」と笑って声をかけるようにしてきました。

それによって叱られたメンバーが落ち込んだまま、長くやる気を復活させられない事態を防いできたのです。みなさんも、ぜひこのマジックワードを使ってみてください。

終わりよければすべてよし？

心理学に「ピーク・エンドの法則」と呼ばれる法則があります。

人が過去の出来事を振り返る際には、さまざまな出来事のうちでも「絶頂期」と「終末期」の記憶を主に思い出す、という傾向のことです。

つまり、過去のことでよく思い出すのは「一番よかったときのこと」と「最後に体験したこと」の二つであるため、この法則をうまく利用すれば、叱られるような不快な出来事であってもあとから思い出したときに比較的ポジティブな体験として思い出せます。

「一番よかったときのこと」は、どちらにせよポジティブな記憶なのですから、工夫をするのは「最後に体験したこと」のほうです。「終わりよければすべてよし」で、最後がポジティブであれば、あとから思い出したときにはポジティブ×2でよい思い出になります。

リーダーがメンバーを叱らなければならないときでも、最後に優しい言葉を投げかけて終わ

らせれば、メンバーがあとから思い出したときに「しんどかったけど、まぁ、それもいい経験だったかな」と思い返せるようになります。

長期的な関係性をよくする意味でも、やはり叱るときには最後に自分を落とす優しい言葉をかけるようにしましょう。

3秒でポイントチェック

メンバーを叱らなければならないときは、最後に優しい言葉をかけて終わらせることを心がける。これにより、メンバーが落ち込みを引きずらなくなるほか、見捨てられていないことを示すことにもなる。あとから思い出したときにも「いい思い出」にできる。

よくても悪くても、メンバーの変化に気づいたら即フィードバック

あなたが仕事をしていて、満足感や達成感を感じるのはどんなときですか？

私の場合、クライアントや同僚、メンバーなどから「五十嵐さんのおかげで助かったよ。ありがとう！」と感謝されたり、「また腕を磨いたね」と自分の変化や成長を褒めてもらったりしたときでした。

「よし、また頑張ろう！」という気持ちが湧いてきます。

人は誰でも、他人からの肯定や評価を求める心理的な欲求、すなわち「承認欲求」を持っています。そしてこの**承認欲求は、必ずしも褒められなくても、変化に気づいてもらえただけで**

ある程度は満たされます。

たとえば奥さまが美容院に行き、髪型を変えたことに旦那さんが気づかないと、奥さまは不機嫌になります。

一方で、旦那さんが「よくなった」とは言わなくても、「髪型変えたね〜」と変化に気づいて言葉にするだけでも、奥さまはしばらくニコニコしています。

人は自分の行動した結果や変化に対して、本能的にフィードバックを求めています。

そしてそのフィードバックによりやる気を出したり、自己肯定感が高まったりします。

ただし、よい反応ばかりではなく、**フィードバックによって落ち込んだり、傷ついたりすることもあるので、かける言葉には注意が必要**です。

悪いフィードバック以上に人を傷つけるのが「無視」です。

「無視」されることほどつらいことはありません。

メンバーからすると、自分がこれだけ頑張って変化させたつもりなのに、リーダーからメンバーに対してのフィードバックがなければ、あなたにはまったくその気がなくても「リーダーから無視されている」「評価されていない」と感じてしまう可能性があります。

そんな状態で信頼関係を築くことはできませんし、メンバーが自律的な行動を取ることもありません。

言及するだけでも喜んでくれる

このように、メンバーにはフィードバックが必要なのですが、最低限変化に気づいてあげればそれでいいのですから、どんどん気軽にフィードバックしてあげましょう。

フィードバックの回数も、多ければ多いほどメンバーの承認欲求は満たされます。

メンバーの変化に気づいたら、些細なことでもタイムリーに、具体的にフィードバックすることを心がけてください。

特にメンバーが意識して変えたと思われる部分に言及してあげると喜ばれます。言及してあげるだけでいいので、積極的に触れるようにしましょう。

「自分が頑張って変えたところを、リーダーがしっかり見てくれている」とメンバーは感じて、さらに励んでくれます。

さらに、メンバーが意識しておらず、無意識のうちに改善した部分に気づいたら、積極的に言葉にして本人に声をかけましょう。リーダーとして全体を見ているからこそ、気づくものもあるはずです。

メンバーは「自分自身でも気づかない変化を、リーダーが見てくれていた」と驚き、さらに喜ぶでしょう。

3秒でポイントチェック

メンバーの承認欲求を満たして、喜んで働いてもらおう。そのためには変化に気づいてフィードバックするだけでOK。勝手によい方向に解釈して喜んでくれる。

フリーディスカッションでなんでも言い合える場をつくる

チームの「健康状態」を診《み》るために、**定期的にチームメンバー全員でフリーディスカッションができる場をつくる**ことをオススメします。

フリーディスカッションをすると、チームの状態が見えてきます。また「チーム内で言いたいことが言えていないな〜」という状態を打破するよいきっかけにもなります。

テレワークが普及したことで、最近では同僚とも家族とも1日中誰とも話していない、というメンバーが増えています。「そんなことあるの？」と疑う人もいるでしょうが、在宅勤務をしていると、意識しないと人と話す機会がありません。特に一人暮らしをしている技術者などの場合、その傾向が顕著です。

役職者についてはオンライン会議などで多くの人と話す機会があり、まだよいのですが、特定のクライアントの担当者であったり、プログラマーなどの技術者であったりすると、朝から晩までひたすらディスプレイと向き合っていて、同僚と最後に話したのは何日前だっけ……という状況が珍しくなくなりました。

タブーなき話し合いで風通しをよくする

いかなる職種であれ、チームのコミュニケーションは重要です。**よいコミュニケーションが取れていないチームではいい仕事もできません。**

NECでも、コロナ禍のときにテレワークを積極的に導入しましたから、こうした状況をなんとかする必要がありました。

そしてそれには、職場のちょっとした問題や長期的な課題について、チームメンバー全員参加でフリーディスカッション方式で話し合う場を設けるのが効果的でした。

チーム内でのよいコミュニケーションをつくるための口実ですから、話し合うテーマはなんでもかまいません。チームメンバーにそのテーマに対しての抵抗感がなく、自分たちやチームのプラスになりそうであればそれでＯＫです。たとえば、そのときどきにチームが抱えている課題をテーマにすると、メンバーの参加意欲が高まりますし、議論も活発になります。

「ヘルプデスクへの問い合せが急増していて、残業が増えているから何とかしたい」といった近々の業務に関するテーマでもいいですし、「オフィスでのカフェスペースや喫煙スペースの扱い」といった身近な福利厚生に関する議論も盛り上がります。あるいは、「業務に関係する著作権の扱いについて」といった、実務に必要な知識をチーム内で共有する研修的な内容でもいいでしょう。

テーマはなんでもいいので、全員でディスカッションする場を設けることが重要です。

そして、そのフリーディスカッションの場では、**取り上げたテーマや課題に対して具体的な解決策や成果を出すことよりも、なんでも話せる、風通しのよいチームの雰囲気をつくることを優先**します。リーダーがこの優先順位を、自分のなかで強く意識しておくことが大切です。

「この場では役職、年齢、性別、立場に関係なく、フラットに意見を言い合ってほしい」

「この場の発言で、人事評価で不利になることはないから安心して意見を言ってください」

「チームをよくしたい、仕事をよくしたいという思いであれば、何を言ってもかまわない」

「誰かを傷つけたり、悪意を持ったりすることでなければ、何を言っても大丈夫」

このように最初からリーダーが明言することで、参加者に「安全・安心の場」であることを示してください。そうしてメンバーを安心させたうえで自由に話し合わせると、不足しがちなコミュニケーションを補うことができ、風通しのよいチームをつくり出せます。

また、組織の風通しが悪くなっているときには議論が弾まず、コミュニケーション状態が悪化していることが如実にわかりますから、そういうときには何度もフリーディスカッションの場をつくり、チームの健康状態を改善させていきましょう。

3秒でポイントチェック

リモートワークで不足しがちなコミュニケーションは、チーム全員参加のフリーディスカッションの場をつくることで改善したり、状況を見極めたりできる。

「報・連・相」で現場情報を得る

新入社員の頃、「報・連・相が大事だぞ！」とよく言われました。「報・連・相」、すなわち「報告」「連絡」「相談」ですね。

読者のみなさんも、上司や先輩社員からよく言われたのではないでしょうか？

新入社員にかぎらず、社会人としての常識、あるべき姿として言われることが多い報・連・相ですが、それだけ言われ続ける理由は、実際にはなかなかできていないからでしょう。

それはともかく、報・連・相のなかでリーダーがメンバーに必ずしてほしいと期待しているのは、結果に直結する「報告」と「連絡」の二つです。

最後の「相談」は成果に直結しないので、多くのリーダーはそれほど重視していないでしょう。「報告」と「連絡」は密にしてほしいけれど、「相談」は必要なときだけでいい。──管理職の方の認識は、そんな状態だと思います。そして、現状は期待に見合っていない、と思っているのです。

一方で、リーダーが期待するような「報・連・相」を、なぜメンバーはできないのでしょう？答えは簡単で、**「報告」や「連絡」を密にしても、メンバーにとっては何もよいことがないケースが多い**からです。

担当分野で何か問題が発生し、困ってリーダーに報告をしたら「なんで、こんなことになっているんだっ!?」と怒られ、責められる。

自分でも理由がわからずにアドバイスを求めているのに、質問返しをされ、あげくにネチネチ責められてはたまりません。

また自分の担当外のことだと思っても、会社全体にとってよくないことのようなので念のためにリーダーに報告したら、

「わかった。じゃあ、そのままあなたが対応しておいて」

などと言われ、担当外なのに対応を指示されて仕事が増えてしまうこともあります。ひどいときには、またまた「なんで、そんなことになっているのだっ!?」と担当外なのに責められ、怒られるハメになるケースも少なくありません。

そんな目にあうのであれば、報告や連絡などしなくなって当然です。

してくれないなら、こちらから聴く

メンバーからリーダーに密な「報告」や「連絡」が上がるようにするには、**メンバーからの報告や連絡に対し、リーダーの側が前述したようなずれた指示や反応をしないように気をつけることが大前提**です。万一、心当たりがある方はすぐに改善するようしましょう。

そのうえで、最初に「報告」や「連絡」をメンバーがしてくるのを期待するのではなく、「何か困っていることはないか？　私でよければ相談に乗るよ」

と、**リーダーの側からメンバーに声をかけていく**ことが有効です。

メンバーは何か困っていることがあっても、「忙しいリーダーに相談するのは迷惑ではないか」と考え、なかなか自分から相談できないもの。リーダーから積極的に聞いて回ることで、彼らの背中を押してあげてください。

現場を知っているメンバーからの相談のなかには、会社やプロジェクトをよくする視点や改善が隠れていることも多いものです。まさに「現場の声」なので、それらの声に素早く対応することで、放置していたら大問題になっていたかもしれない問題に早めに対策できますし、新たな成果につなげることもできるかもしれません。

相談は双方向

「報告」「連絡」は一方通行で、双方向ではありません。「報・連・相」のなかで「相談」だけが、双方向のコミュニケーションです。双方が心を通わせないとできないのです。しかも、「相談」はメンバーからリーダーへ持ちかけることもできますが、「リーダー」から「メンバー」へ持ちかけることもできる両面性を備えています。「相談」ができる、「相談」が増える環境は、それだけリーダーとメンバーが対等な関係にあることを示します。相互にリスペクトできている、ということなので、信頼関係ができていることも示しています。

信頼関係があってこそ、メンバーは初めて「このリーダーになら、まずい内容を相談しても責められないだろう」「担当外のことでも、押しつけられないから連絡できる」と安心します。リスクを気にせず「報告」や「連絡」ができるようになるのです。

目先の報告、連絡に囚われるのではなく、メンバーとの信頼関係を築く「相談」をまず増やすことを意識しましょう。リーダーから水を向け、メンバーからも持ちかけられることで相談件数が2倍になります。

「報・連・相」の「相」を2倍にした「報・連・相・相」の状態ができて初めて、メンバーからも期待したレベルでの報告や連絡がされ、必要な情報が入るようになる、ということを肝に銘じてください。

3秒でポイントチェック

リーダーは報告や連絡を優先しがちだが、メンバーとのあいだで信頼関係ができていない状況では、メンバーは報告や連絡をしたがらない。リーダーから先に相談を持ちかけ、相談が気軽にできる状況になって、初めて報告や連絡が密になる。

なんとなく合わないメンバーには、どう接してほしいか聞いてしまう

こんな経験はありませんか？

リーダーであるあなたが考え抜いて出した指示に、一部のメンバーが不満を漏らしている。あるいは、不満を持っているようだと伝え聞く、といった経験です。

そんな状況では、「『親の心、子知らず』とはよく言ったものだ。どれだけ私が考えて指示を出したか、まったく理解してくれていないな……」とリーダーは腹が立つかもしれません。

しかし、どんなにリーダーがメンバーのことを考えて指示を出していようが、立場が異なるのですから、メンバーがリーダーの真意をわからなくても無理はありません。

メンバーよりも広い視野で、より深いところまで考えられる人材だからリーダーとして任命されているわけで、**何も言わなくてもメンバーがリーダーと同じレベルの理解ができる、と考えるほうがおかしい**でしょう。

また、メンバーやチームのことをリーダーが細かく考えるのは、当たり前にするべき業務の一環ですから、それを恩着せがましく思うのも間違いです。

そうした状況では、腹を立てるのではなく、聞かなかったことにするのでもなく、メンバーが考えていることを知るチャンスだと捉えて率直にそのメンバーと話し合うようにしましょう。

決して圧力をかけないように、ざっくばらんに、お茶でも飲みながら、飴を舐めながら話をする場を設けるとよいでしょう。

当然ですが十人十色で、人それぞれ置かれている立場も環境も違うし、考え方も違います。

好きだと言い合い、愛し合って一緒になった夫婦でさえ意見は異なり、喧嘩もします。

血のつながった親子でさえ意見は異なるし、喧嘩もします。

ましてや同じ会社に入って、偶然リーダーとメンバーという関係で巡り合っただけの相手なのですから、忖度《そんたく》してろくに意見も言えない環境でなければ、違う意見が出てくるのは極めて当たり前のことです。むしろ風通しのよい職場だと言えます。

意見と人格はイコールではない

メンバーがリーダーとは違う意見を持っていても、それは、メンバーがリーダーを否定しているわけではありません。

どうも日本人は、意見と人格を同じものだと考えがちで、意見が違えばそのまま喧嘩になってしまうことが少なくないのですが、意見と人格はまったく別のものだと意識して、冷静に話し合ってください。

リーダーである自分の意見より、メンバーの意見のほうが適切だと思えば、素直に受け入れて指示を変えてもいいですし、メンバーの視野の狭さや知識／能力の未発達による意見の違いだと思えば、なぜ自分がそういう指示を出したのかを詳しく説明して聞かせ、指示に従ってもらうよう促してもいいでしょう。

リーダーが指示の意図までしっかり説明すれば、さらに反対したり、反抗したりするようなメンバーは滅多にいません。

そこまでとことん話しても、それでも意見の一致を見ないときには、最終的には「あなたの意見はわかりました。でも、仕事だからやってください」で押し通してＯＫです。

大事なのは、発言者の立場や誰が言ったかではなく、意見の内容です。

よいものはよい、悪いものは悪いと適切に判断できるリーダーは、できるリーダーとして尊敬されます。ざっくばらんに話をすればするほど、メンバーの仕事に対する思いや向き合い方、信念に気づくこともできます。**仕事に真剣であればあるほど、いろいろな考えや意見を持つものです。**

「うだうだ言わずに、言われたことをやれ！　リーダー命令だ！」といった対応は最悪です。

メンバーの話をよく聞く、懐の深いリーダーになりましょう。

3秒でポイントチェック

リーダーの指示に納得していないメンバーがいれば、ざっくばらん、かつ冷静にとことん話し合う。

30秒でこの章のまとめ

☑ 気恥ずかしくて強い言葉をメンバーにかけられないときは、役者としてリーダー役を演じている気になってみる。そうすると、臭いセリフも言いやすい。

☑ 各種の性格診断ツールを使い、メンバーそれぞれの性格タイプに寄り添った対応をすると効果的。

☑ メンバーはリーダーが話し出したらそれを止めることはできない。メンバーが話しているときには遮らず、傾聴に徹する。また、常に感謝を示すこと。

☑ 助言をしたいときには、メンバーの報告についてなんでもいいので一つ褒めてからにする。そうしないと、メンバーに「聴く体勢」ができないし、メンバーのモチベーションを下げてしまう。

☑ メンバーを注意したり叱ったりしたあとは、自分の失敗談も話して、相手の心理的負担を軽減させる。最後に笑えれば、あとを引かない。

☑ メンバーの変化に気づいたら、小さな変化でもとにかく言及する（必ずしも褒めなくていいが、悪口はダメ）。それだけで、メンバーはやる気を上げる。

☑ ときどきメンバー全員が集まり、自由に話し合える場をセッティングするとチームワークが高まる。

☑ 報・連・相を密に行ってほしいのなら、リーダーから先に、メンバーに相談することがないか聴く。相談を頻繁にすることで、報告や連絡もできてくる。

☑ 相性が悪い相手には、どう対応してほしいかストレートに聞くと、お互いにやりやすい。

第5章

グイグイ信頼される！リーダーの習慣

メンバーを呼びつけずに自ら動く

ご存知のとおり、人間には「味覚」「触覚」「臭覚」「聴覚」「視覚」の五感があります。

この五感のそれぞれを、日常生活での知覚においてどれくらいの割合で使用しているかを調べると、視覚が83%、聴覚が11%、嗅覚が3・5%、触覚が1・5%、味覚が1%になるのだそうです。

この数字は1972年刊行の『産業教育機器システム便覧』(教育機器編集委員会・編/日科技連出版社)による数字です。

ほかにも、資料によっては80%とか、90%などとするものがありますが、総じて、人間の知覚にいちばん影響を与えるのは「視覚」であるとされており、目に映る情報の影響が圧倒的であることは間違いありません。

そのため**マネジメントにおいても、どんなにきれいな言葉を使おうが、そこに行動が伴い、メンバーがそれを見ていなければ、大きな影響力は生まれません。**

たとえば自分のチームのメンバーに何か用事があるとき、多くのリーダーは「〇〇くん、ちょっと来てくれないか」などと声をかけ、メンバーをリーダーの席に呼びつけていると思います。

これはこれで、日常的な業務の進め方としてはスピーディーで間違ってはいません。

しかし、**何か重要な指示をしたいなど「ここぞ」というときには、リーダーのほうからメンバーの席に行く**ようにすると、視覚的にもリーダーの意志や信頼がメンバーに伝わり、強い印象を与えられます。

私の場合の例を挙げます。

主任をしていた30代の頃、上司である課長・部長のさらに上の役職である「事業部長」から、直接私に連絡が来たことがありました。

それだけでも驚きですが、「ちょっと話があるから、これから五十嵐さんのいるプロジェクトルームに行くよ」と言うのです。

私はそんな上の役職の方に自分のところまで来てもらうのは恐れ多いと感じて、「自分から行きます」と言いましたが、「私から頼みたいことがあるから、私から行くよ」と電話口で笑われてしまいました。

その頃のＮＥＣは事業部カンパニー制度を採用していて、事業部長は社内の擬似的な法人の社長に当たる役職でした。

当時、私が所属していた事業部の年間売上は１０００億円程度でした。テレビＣＭでよく名前を聞くような会社でも、なかなか売上１０００億円にはいきません。事業部長は、それだけの規模のビジネスを統括する立場でした。

その事業部長が、一主任である私の席までわざわざ足を運んでくるということで、当時は「一体、何を言われるのだろう」と大変緊張したものです。

そのときに事業部長から直接話があったのが、すでに何度か触れている赤字プロジェクト立て直し案件でのプロジェクトリーダー就任の打診でした。

「会社にとって重要なプロジェクトに障害が発生しているので、あなたの力で立て直しをしてもらいたい。プロジェクトを仕切ってもらいたい」とのことでした。

当時の私は、そのとき抱えている仕事が気になり、それについて話をすると「もう君のリーダーには話をしてある。お客さまにも私から了解を取る。五十嵐さんが引き受けてくれるかどうか、それ次第だ」と言われました。

そこまで話が進んでいるのであれば、本来、あとは業務命令を出せば済む話です。

しかし、そこで事業部長自らがメンバーのところまで足を運び、事情を話して直接担当者の声を聴き、命令するのではなく形式的にでも頼んでくれたということに、当時の私はとても感動し、事業部長の心意気を感じました。

「あぁ、この事業部長は私のことを認めてくれているんだな」

「部品や駒としてではなく、一人の人間として自分を見てくれている」

「上下関係にものを言わせず、頼むほうが出向くという筋を通してくれている」

「ここまでされたら、事業部長の期待になんとしても応えたい。頑張らねば！」

単純かもしれませんが、このように強く思いました。

自分の席にまで実際にリーダーが足を運んでくれているのを見て、直接話してくれるのを視覚的にも確認して、明らかに士気が上がったのです。

「いやいや、これは特別な場合でしょう」と感じるかもしれませんが、多くの会社において、自席から決して動かず、命令だけでメンバーを動かそうとするリーダーが多く存在するのも事実です。**そうした状態に安住せず、重い腰を上げ、自分からフットワーク軽く動く**ことを意識しましょう。

「偉そうなオーラ」を出さないほうがいい

このほか、リーダーがメンバーを自席に呼びつけると、呼びつけられたメンバーは進めている作業を中断しなければならず、それによって仕事の効率が落ちるという問題もあります。

たいていのメンバーはリーダーであるあなたよりも細かい仕事をしており、集中力を要します。もちろん指示が必要な場面もありますが、積み重なると小さな非効率も無視できなくなります。

ときには自分からメンバーの席に向かい、相手の様子を伺いつつ声をかけることで、大事な仕事を中断させるのを避ける意識を持つことをオススメします。

そうしたリーダーの姿を目にすれば、メンバーに「大事にされている感覚」や緊張感を生じさせることもできます。

さらに、**自席にメンバーを呼びつけてばかりいると、「俺はお前らよりも偉いのだ」という空気感ができてしまいます。**そうなると、なんでも言い合える雰囲気にはなりません。偉そうなオーラをつくるのではなく、いかにメンバーを主役にできるかを考えましょう。

働き方改革の浸透とともに、席が固定ではなくなり、好きな場所に座れるフリーアドレス制になったり、テレワークによる在宅勤務だったりという場合もありますが、それでも極力、リーダーがメンバーのところに出向いていくことを意識しましょう。

フリーアドレスならリーダーの席も固定されていませんから、より気軽に動けます。

テレワークの場合は、チャット機能などを使って「ちょっと話したいけど、タイミングのいいときにレスをもらえる？　こちらから電話します」などと、個々のメンバーを意識したダイレクトメッセージを出せばいいでしょう。

リーダーがフットワーク軽くメンバーの席へ行くことで、メンバーの仕事環境や仕事ぶり、あなたの前では見せない素顔が見えることもあります。
少なくとも大事なタイミングでは、可能であれば普段から、リーダーのほうがメンバーの席に足を運び、メンバーを気遣っている様子を目に見える形にしていきましょう。

3秒でポイントチェック

リーダーの席までメンバーを呼びつけるのは、手っ取り早いけれどデメリットも大きい。できるだけリーダーのほうからメンバーのところに出向くようにすると、〝目に見えて〟メンバーとの関係が改善するほか、強い印象を与えることもできる。

メンバーとの会議予定を安易に変更しない

最近は職場で「１on１」が奨励されています。リーダーとメンバーによる１対１での面談です。メンバーとの定期的な会話が増えるので、「これだけ話をしているからメンバーとの信頼感も増しているだろう」と希望的観測を抱いているリーダーも多くいるはずです。

しかしながら、現場の声を聞くと「リーダーと話せる機会が増えてよかった」という声も確かにあるのですが、「しょせんは会社の方針に従っているだけ。形だけ」「期待を裏切られた」という残念な意見もちらほらと聞こえてきます。

その理由を深掘りして聞き出すと、「せっかくリーダーと話せると思って準備していたのに、急用で延期された」「先週も中止、今週も中止」といった**急なスケジュール変更に関する不満の声**が意外なほど多く聞かれます。つまり「1 on 1」の中身ではなく、いったんセッティングされた予定が延期や中止されたことへのショックです。事前に期待していれば期待しているほど、それが実現しなかったときのショックは大きく、ショックは不信感につながっていきます。

こうした日程やスケジュールに関する話は、メンバーとの約束を守るか守らないかの単純な話なので、改善しやすいポイントです。能力に関係なくリーダーの判断だけで改善できることですから、ぜひとも直してください。

メンバー優先の場合があってもいいはず

リーダーも好きで中止や延期をしているわけではなく、お客さまからの要請や、さらに上の上司からの急な飛び込み指示などで、やむを得ず調整しやすいメンバーとの予定を変更している、という事情もわかります。

しかし**相手がお客さまやクライアントであっても、上司であっても、「先約があるので調整させてください」とは言えるはず**です。何も、先約の内容まで先方に伝える必要はありません。

その調整もしないまま、無条件にお客さま優先、上司優先で対応していると、メンバーにはそれが手に取るように伝わります。「リーダーが自分との約束をどれだけ大事にしているか」は、スケジュールの変更をするかしないかですぐに伝わるのです。

メンバーの側でも、クライアントやリーダーの上司からの要請が大切なことはわかっています。自分の予定をリーダーに気軽にキャンセルされても、そうそう口には出しません。それでも、「私のほうが先に約束していたよね」という不満が少しずつ積み重なれば、いずれは不満が積み重なって不信感にまでなってしまいます。

簡単に予防できるのですから、気軽にメンバーとの予定を変えることはやめ、きっちりと約束を守ることを心がけてください。安易にメンバーとの予定を変更することは、メンバーの生産性を下げることにもなりますから、その点でも避けるべきでしょう。

3秒でポイントチェック

メンバーとの１on１や打ち合わせの約束を、上司理由や顧客理由で安易に変更しないリーダーになろう。さもなくば長期的にはメンバーの不信を買ってしまう。

定時外や休日には連絡しない

15年ぐらい前の話です。私があるプロジェクトのリーダーをしていたとき、直属のサブリーダーから「お願いがあります。休日にメールをしないでいただけますか」と直訴されたことがあります。ショックを受け、メンバーに「それは申しわけなかった」と答えました。

そのうえで、「メールの頭には、『自分の備忘も兼ねて出すので、対応は月曜日以降でお願いします』と書いているけど、それでもダメ？」と聞きました。

私のなかでは「急ぎじゃないよ」「月曜日以降でいいよ」などと冒頭に書いておけば、休日のメールでも大丈夫だろうと思っていたのです。

そのメンバーから言われたのは、

「確かに冒頭に書いていただいているのですが、でも、中身以前に休日に仕事のメールを見ると、楽しい休日から一気に平日に心が戻されてしまうのです」

という言葉でした。

そのとき、私は初めて、**どんなにメールの冒頭に「月曜日以降の対応でいいから」と書こうが、リーダーからの休日メールはリフレッシュに専念したいはずのメンバーの休みを台なしにする**のだと気づきました。お恥ずかしい話です。

「メンバーが休日にメールを見なければいいのでは？」という意見もあると思いますが、メンバーとしてはリーダーからのメールやＬＩＮＥが入っている通知がスマホ画面に出てきたら、確認しないわけにはいきません。

特に私が働いていたＮＥＣのようなインフラ系の仕事では、24時間・３６５日稼働しているシステムの対応をすることも多く、休日だろうが定時外だろうが、仕事関係のメールや連絡が来ていたら「うわっ、何かのトラブルか⁉」とドキドキしながら確認するのが習い性になっています。リーダーたるもの、そうしたメンバーの心情にも配慮しなければならないのです。

SNSでの連絡ももちろんダメ

当時の私は「趣味はなんですか?」と聞かれると「仕事です」と答える、古い言葉で言う「モーレツ社員」だったので、自分自身については休日も平日も関係ない感覚で働いていました。

それでも、メンバーに対しては休日はしっかり休んでもらいたい、と思っていたのですが、冒頭に断りを入れれば休日のメールぐらいは大丈夫だろうと甘く見ていたのです。

しかも私に進言してくれたサブリーダーは、非常に優秀な管理職で、普段から私ともよくコミュニケーションを取れているメンバーだっただけに、「この優秀な管理職でも、休日の私のメールを気にしていたのか……」とショックを受けたのです。

昨今のワークライフバランスの常識から考えれば、むしろ信じられないような話かもしれません。しかし、私のように周囲から指摘されなければ、これくらいは大丈夫だろう、といまだに考えている管理職の方もそれなりにいるはずです。

定時外・休日のメール連絡や、当然ながらLINEなどのSNSでの連絡は、どんなに断り書きをつけても厳禁である、と肝に銘じてください。

休日は貴重です。メンバーたちのそんな貴重な休日を、自分のメールで台なしにしていたことにやっと気づいた私は、それまでのことをとても反省しました。そして、勇気を出して率直に伝えてくれたメンバーに感謝しました。あのとき直訴してくれなかったら、一体いつまで気づかなかっただろうと考えると、冷や汗が出るほどです。

それ以来、本当に緊急を要する障害対応などの状況以外では、「休日にメンバーに連絡をしない」ことを徹底しました。定時外も同じなので、早朝や遅い時間帯の連絡も決してしませんでした。

メンバーへのリーダーの影響力は、ときにリーダー本人が思っている以上に大きなものです。メンバーの私生活を尊重し、平時に存分にパワーを発揮してもらうためにも、定時外や休日の連絡は厳禁とすることを徹底しましょう。

3秒でポイントチェック

どんなに断り書きをつけても、メンバーにとって定時外や休日のリーダーからの連絡は悪夢。本当に必要があるとき以外は、絶対にしないようにしよう！

メンバーが考え込んだら話し出すまで待つ

あるとき、非常に優秀とされている人材が、人事異動で私のプロジェクトにサブリーダーとして参入したことがありました。前のプロジェクトのリーダーからは、「彼は非常に優秀なので、よろしくお願いします」と言われていました。ただ、合わせて「彼は優秀なのだけど、ほかのメンバーが彼についていけないようで、困ったよ」とも聞いていました。

さて、実際に彼が私の下にやって来て1週間もすると、私は彼について以前のリーダーとはまったく違う評価をしていました。

確かに彼は優秀でした。私との対応にもそつがなく、業務知識も十分でした。

そして、彼の直下のチームメンバーにも、細かく指示を出していました。

メンバーが彼の指示以外のことをしたり、彼の考えているやり方と違っていたりすると、すかさず細かい注意をしていました。

結果、彼のチームのメンバーは、箸の上げ下げまで指示されるような状態になっていました。

その細かい指示から少しでも外れると注意されるので、考えることをやめてしまっていました。


私には、彼のやり方が生産的であるとはまったく思えませんでした。上司やリーダーとして優秀だとはとても思えなかったのです。

どんな仕事でも、ここまで細かく指示をされたら、決してよいものはできないでしょう。まして新しいシステムをみんなで協力して組み上げたり、新しい付加価値をつくろうとする業務ではなおさらです。


メンバーが「この作業は、こうしたほうがいいかも」と思って少しでも別の方法を試したら注意されるのでは、そもそも試行錯誤ができません。

提案して承認されてから試すようにすればいい、というのはリーダーの発想で、メンバーとしてはそんな状況ではそもそも新しいやり方を工夫しませんし、新しいことをして注意されるよりも、黙ってリーダーに言われたままやるのが間違いないと思ってしまいます。

さらに言えば、このようなリーダーに新しい提案をしても、たいていは受け入れられないことを過去の経験から知っており、余計なことを言って責任を押しつけられてもたまらないと考えるのです。

リーダーが言うことをメンバーが粛々と実行しているので、あたかもよいチームのように見えるのですが、実際にはメンバーは考えることを停止しているので覇気もなければ達成感もありません。何よりも窮屈です。

業務の性質も考えずそんな空気感のチームをつくってしまうリーダーは、たとえ個人としては有能でも、リーダーとしては無能だと言わざるをえないでしょう。

メンバーになんでも指示するのはマネジメントではない

話は変わりますが、近所にお気に入りのラーメン屋さんがあります。

開店してからずっと常連なので、かれこれ20年以上は通っています。

夫婦2人で営んでいますが、弟子の店員さんが常に2人くらいいます。そして、そこの店員さんはみなさん、いずれ独立して自分のお店を構えていきます。

そのお店に、先日新たな新人が入ってきました。緊張していて、動きも固いです。

そのラーメン屋の店主は、彼が何か間違えても叱ったりせず、そのつど

「その棚に色がついているのは、なんでだろうな～？」

「どうしたら、お客さんを待たせないで済むかな～？」

などと、新人君に質問をしていました。指示や答えを言わず、本人に考えさせているのです。

その様子を見て、私は大変感心しました。

それから少しして、またそのラーメン屋さんへ行くと、先日の新人くんは以前よりテキパキと仕事をしていました。何かしらの自信を持って動いているようで、目が輝いて見えました。

マネジメントとは、メンバーの箸の上げ下げまでを細かく指示する仕事ではありません。その場その場でメンバーに業務の目的を伝え、その達成のためには何をするのがベストなのか、

メンバーに自分で考えさせることがマネジメントの醍醐味です。

経験豊富なリーダーから見たら、正しい答えはすでに見えていて、しかも、忙しいのでそれをメンバーにすぐに伝えてすぐ動いてもらいたい……という気持ちは痛いほどわかります。

しかし仮にあなたの意に反していても、あるいは仮に間違った方向への努力をしているように見えても、メンバーが自分で考え、挑戦し、失敗して、その失敗を自ら咀嚼《そしゃく》する時間を可能なかぎり与えることが大切です。それこそが今後のメンバーの育成や、チームの成長につながります。メンバーがのびのびと、「自ら考え、自ら動ける」ようになるための最短ルートです。

日常のなかでメンバーに考える時間を与え、たとえば**メンバーが考え込んだら、自発的に話し始めるまで待つ**ようにしてください。そうした日頃からのリーダーの姿勢が、チーム内に自発的な雰囲気をつくっていきます。

3秒でポイントチェック

どんなに忙しくても、また自分には正解がわかっていても、メンバーが自分で考え、自分で動き出すのを待つ余裕・ガマンがリーダーには必要。

メンバーの話はへそで聴く

リーダーの席まで相談をしに行ったとき、あなたのリーダーがパソコンのモニタ画面を向いたまま、忙しそうにキーボードを叩きながら話を聞いていたら、どう思いますか？

一方で、パソコンのモニタ画面から視線を外し、体を90度回転しておへそをあなたに向け、自分の顔を見ながら話を聞いてくれるリーダーがいたらどうでしょう？

あなたは、どちらのリーダーと仕事がしたいですか？　信用できますか？

言うまでもありませんが、後者のリーダーのほうがメンバーに信頼されますし、慕われます。

日常的な些細な動作ですが、リーダーが自分の話にどれだけ真剣に耳を傾けてくれているか、一目瞭然でメンバーに伝わります。**視線を合わせずに生返事をしているリーダーに、メンバーは真剣に報告しようとは思いません。**また、**そんなリーダーの依頼や指示を、一生懸命に達成してやろうなどという気持ちには決してならない**のです。

横を向いていたらトラブルの種に気づけない

加えて、おへそを相手に向けて話を聴くことは、メンバーだけでなくリーダーであるあなた自身にとっても大いにプラスになります。

なぜなら、**メンバーがイレギュラーな報告をしてくるときには、メンバーが何か異常を感じていることが多い**からです。

感じた異常感を、そのメンバーがうまく表現できているとはかぎりません。聴く側も注意して聴く必要があります。そうした傾聴の意識をリーダーの側につくる意味でも、パソコンのモニタ画面からいったん目を離して報告者のほうを完全に向く、という習慣は役立ちます。

メンバーに体を向ける動作で、今までしていた作業から頭や気持ちを切り替えられます。

結果、メンバーの表情や声のトーン、行間にある思いなどをしっかり受け止められるようになり、大事な報告を聞き逃さないようにできます。

リーダー自身のためにも、そしてメンバーからの信頼を得るためにも、メンバーがわざわざ報告に来てくれたときには、パソコンのモニタ画面に向かいながら聞くのではなく、へそから体全体をしっかり相手に向けた傾聴ができるリーダーになりましょう。

3秒でポイントチェック

メンバーの報告を聞くときには、忙しくてもへそをしっかり相手に向けることを意識して、そのときしている作業から頭を切り替える。そうすることで、報告内容を聞き逃したり、行間に潜んでいるトラブルの種に気づいたりできる。メンバーからの信頼も得やすくなる。

暴走気味のメンバーには「今日は早く帰れ」とブレーキをかける

私が結婚したのは、自分が主任になった年でした。初めて役職がつき、やる気と責任感が上がり、世界で一番頑張らなければ！と熱くなっている頃でした。

今から30年ぐらい前の話で、当時は「男は仕事が最優先。新婚だからと言って早く帰るなんてありえない、格好も悪い」という風潮がまだありました。若い人にはもはや理解できないでしょうが、私もそうした風潮に強く染まっていました。

ましてや主任になったばかりで、メンバーや仲間がみんな働いているのに、自分だけ早く帰るなんてとてもできないと思っていました。

そんなときです。当時の部長がつかつかと私の席までやって来て、「五十嵐くん、最近ずっと残業しっぱなしだろう。このあいだ結婚したばかりなのに、1日も早く帰っていないじゃないか。たまには早く帰って、奥さまに感謝しなさい」と言うのです。

当時の私は、とてもびっくりしました。そのときも仕事は忙しく、進捗が遅れたら上司も困るのに、なんでそんなことを言うのだろうと不思議に思いました。しかし、上司のアドバイスですからその日は早く帰り、妻にびっくりされたものです。

社会の風潮が大きく変わった今から考えると、当時の部長のひと言はさほど変わったものではないと感じられるかもしれませんが、あの頃の社会的な風潮のなかでそれを言えたとは、自分は本当に上司に恵まれていたなと、今になって感じます。

ワークライフバランスの維持が尊重される現代でも、チーム全体が忙しいときにメンバーの働きすぎに意識的にブレーキをかけられるリーダーは多くありません。

しかし、1日や2日、メンバーが早く帰ることでその家族が家庭円満になり、メンタル面が安定したり、また蓄積した疲労が多少なり回復したりすれば、中長期的にはよほど仕事がはかどります。独身のメンバーだって同じことです。

メンバーのなかには、かつての私のように目の前の仕事に集中しすぎて、あるいは責任感にかられて、自分の状態を客観的に見られずに働きすぎてしまう人が一定数います。一見そうは見えなくても、**有給休暇を長期間まったく取らずにいたら危険信号**です。

フルスロットルでずっと加速していたら、どんなエンジンでも遅かれ早かれ故障します。

また中長期的にメンバーやチームがその実力をもっとも発揮できるのは、安定したワークライフバランスが維持できている状態です。

暴走状態になっているメンバーを見つけたら、リーダーの側から「最近、働きすぎじゃないか？　今日は早く帰ったらどうだ？」などと声をかけるようにしてください。

言われなければ止まれない人がいる

メンバーの側からしても、やはりリーダーにそう言われれば帰りやすいものです。人に言われなければ自分の状況に気づけないこともあります。

長期にわたり安定して活力を維持できるチームにするためにも、頑張りすぎるメンバーには適宜、リーダーがブレーキをかけてあげることを意識しましょう。

ちなみに、リーダーに言われてたまには早く帰っていましたが、結婚以来、何年も私は仕事優先のままでした。「仕事、仕事!!」と言って全然家に帰らず、妻には寂しい思いをさせたと反省しきりです。二人の子どもが生まれてからも、妻がどれだけ子育てで苦労していたかも知らず、私は仕事ばかりでした。「我が家は明るい母子家庭〜」と口ずさみながら、広い心で家庭を守ってくれた妻には感謝をしてもし切れません。今はその頃の罪滅ぼしで家族サービスに励んでいますが、かえって煙たがられているかもしれません（笑）。

私のような昭和世代を反面教師に、今の若い人たちには現役時代から健全なワークライフバランスを提供し、仕事に専念できる環境を、ぜひともリーダーがつくってあげてください。

3秒でポイントチェック

仕事に熱中しているメンバーのなかには、働きすぎで暴走状態にある人もいる。客観的な判断ができるリーダーが、「今日は早く帰ったら？」とブレーキをかけてあげよう。

「成果につながらない頑張り」も認める

とかくリーダーは、メンバーのできていないところを指摘するのが自分の仕事だと思っていることが多いです。

しかし**メンバーの側でも、自分ができていないことなど百も承知なので、その事実を改めてリーダーから突きつけられると嫌気がさすだけ**です。

それでも彼らは賢いので、リーダーの前では神妙な顔をして反省しているふうを装います。

そうしないと、リーダーの機嫌が悪くなることがわかっているからです。

では反省していないかというと、そんなことはなく、表には出しませんが目標未達に対して十分に反省しています。

メンバー自身、

「自分が目標売上に届いていないことで、チームに迷惑をかけてしまった」

「私の目標未達で、私のボーナスだけでなく、チームメンバーや、リーダーのボーナスも減らされてしまうかもしれない」

などと、現状を憂《うれ》いて滅入っています。

そこに輪をかけてリーダーが責めたところで、双方に益はありません。

メンバーのやる気を引き出すのもリーダーの役目です。**本人が反省しているのであれば、そこを改めて責めるのではなく、できたところを誰よりも認めてあげましょう。**

メンバーはリーダーのあなたの指示で仕事をして、目に見えるアウトプットをチームに与えています。

あなたは、そんなメンバーに何を与えられるでしょう？

給与もボーナスも、リーダーが与えているわけではありません。

給与やボーナスを与えているのは、リーダーではなく会社です。

リーダーであるあなたがメンバーに与えられるのは、「夢」と仕事に対する「やりがい」、そして、「働きやすい環境」です。

リーダーは意識しないと、メンバーから成果を奪うだけで何も与えない状態になりがちです。「目標売上には足りなかったが、君の努力があったからここまで来られた」と頑張りを評価し、言葉に出して感謝を与えることを意識しましょう。

言葉で褒めるのはタダ

もちろん、成果が出ていないのですから、人事評価の面で成果が出ている人と同じ評価を与えることはできません。成果が出ていなくても、頑張っていれば評価は変わらないとなれば、今度は成果を出している人が不満を抱くデメリットがあります。

人事評価では渋い点をつけざるをえなくても、それでも頑張ってくれたことは確かなのです。そして、本人も反省しています。

であれば、**言葉で頑張りやチームへの貢献を認め、ねぎらってあげるくらいはすべき**ですし、そうでなければメンバーも立つ瀬がなくなってふてくされてしまいます。

頑張りを認める温かい言葉があれば、そのメンバーも次回こそ、このリーダーの期待に応えようと精いっぱい頑張ってくれます。

未来のあなた（リーダー）にも、チームにも、プラスが戻ってきます。

3秒でポイントチェック

求められている成果を出せなかったメンバーでも、頑張りとチームへの貢献は認めてあげよう。人事評価では低評価にせざるをえなくても、温かい言葉をかけることはできる。

自分の好きな仕事ほど、優先的にメンバーに回す

リーダーは忙しく、毎日、時間がありません。

顧客対応、自分の上司への対応、メンバー対応、人事関係や庶務的な業務もあり、ありとあらゆる厄介事が降ってきます。

私がプロジェクトマネージャーとしていくつかのトラブル案件を抱えていたときも、いつも忙しく飛び回っていました。

そんなときは本当に多忙で、時間がまったくありません。しかし一方で、「たくさん仕事をしているな。役に立てているな」と自己満足している部分もあるものです。

そうこうしていると、私の上司に当たる当時の部長が、

「あなたは管理職なのだから、目の前のことに飛び回ってばかりいないで、少し席に座って、将来のチームのあるべき姿などを考えないといけないよ」

と諭《さと》してくれたことがあります。

今、考えれば、当たり前のことです。

しかし当時はそのひと言にショックを受け、目から鱗《うろこ》が落ちる思いがしました。かけがえのない気づきをもらった瞬間だと今でも思っています。

一生懸命に動き回って、仕事をしていた気になっていましたが、それはリーダーがするべきことではなかったのです。

目の前の仕事で一杯いっぱいになることではなく、メンバーよりも高い視点から将来を展望して、「チームをどうしていくのか」「それぞれのメンバーの将来やキャリアパスをどうしていくべきか」などを考え、計画を立て、実行していくことこそが管理職に求められる仕事です。

忙しさと、それに対応することで得られる充足感に引きずられて、この鉄則を忘れてはいけ

ません。

メンバーの育成のためにも、リーダーが自ら動くのではなく、可能なものは極力、メンバーに任せてやらせてみましょう。品質等はリーダーが最終チェックして、期待に満たなければ何度かやり直させ、どうしても無理な部分だけリーダーが最後の仕上げでやってみせます。

そのようにしてメンバーを育てなければ、結局は自分がずっと忙しいままです。

本当にリーダー自らがやらなければならない仕事なのか、抱えている仕事をフラットな視点で見直して優先順位を決めてください。

もしメンバーに全部の仕事を振ることができて暇になったら、暇でよいのです。むしろそのほうが会社の上層部からは評価されるでしょうし、チーム全体での生産性も上がっていきます。

メンバーとの面談はリーダーにしかできない仕事

一方で、リーダーが時間を優先的に取るべき仕事も存在します。

「メンバーがリーダーに相談したがっている」

「あるメンバーの様子がおかしい」

「この仕事はあのメンバーのキャリアアップのためにも、ぜひ任せたい」……などなど、**さまざまなシチュエーションでメンバーとじっくり話すことは、リーダーでなければできない仕事**です。

こうしたリーダー本来のマネジメント業務にかける時間をつくり出すためにも、メンバーに任せられる仕事はどんどん任せていきましょう。

その際には、**自分が気に入っている作業や好きな仕事ほど、無意識に抱え込もうとしてしまうもの。**そうした仕事はメンバーもやりたいと思っていることが多いので、意識して振るようにすることも、上手に仕事を手放すコツです。

3秒でポイントチェック

リーダーの仕事は、目の前の仕事に忙殺されることではない。メンバーに任せられる仕事はどんどん手放し、リーダーにしかできないメンバーとの面談や話し合いに優先的に時間を使う。

30秒でこの章のまとめ

☑ リーダーだからと偉そうにせず、メンバーに用があればそのデスクまで自分で出向くようにすると、メンバーとの関係が改善する。

☑ メンバーとの予定も、自分の上司や取引先などとの予定と同じように尊重する。

☑ ワークライフバランスの観点から、休日や定時外の時間帯にリーダーからメンバーに連絡を入れることは絶対に避ける（本当の緊急時のみ）。また、仕事に熱中しすぎて十分に休めていないメンバーがいれば、リーダーが「今日はもう帰れ」とブレーキをかける。

☑ メンバーに何から何まで指示するのはマネジメントではない。正解がわかっていてもグッとガマンして、メンバーに自分で考える時間を持たせよう。

☑ メンバーの話を聞くときには、身体の正面をメンバーに向けて集中して話を聴く。単純なことだが、信頼を得やすくなる。

☑ 挑戦したけれど成果が出なかった場合、満点をあげることはできなくても、挑戦して頑張ったことを前向きに認めてあげると、評価への納得感が出る。言葉で褒めるだけでも違う。

☑ 自分の好きな仕事は、メンバーも好きなことが多い。そうした仕事はできるだけメンバーに振り、メンバーとの面談などリーダーにしかできない仕事に集中する。

第6章

みんなが安心！

ピンチを成長に変える「トラブル対応」

メンバーが失敗したとき、最優先は「大丈夫か？」のひと言

本章では、メンバーが失敗したり、トラブルを起こしてしまったりしたときにリーダーがどう対応すべきかを解説します。早速ですが、メンバーがプロジェクトの明暗を分けてしまうような失敗をしたとき、あなたならどうしますか？　まさかまさかの失敗で、思ってもみなかった「万事休す」の状態です。

リーダーだって感情を持った人間ですから、あまりの影響の大きさに思わずメンバーを叱ってしまったり、責めてしまったりすることも十分理解できます。

しかし、**リーダーが怒りの感情をさらけ出してメンバーを叱ったとしても、すでに起きてし**

まった失敗が元に戻るわけではありません。過去は変えられないのです。**状況が悪ければ悪いほど、いかにダメージを少なくし、どうやってその状態から素早く立ち直るか、その方策を考えるのが正解**です。

……そんな理屈はわかっていても、腹立たしものは腹立たしい。

その怒りもわかります。しかしメンバー自身も自分の失敗は十二分に認識しています。そこを怒鳴りつけたところで、リーダーの気分が多少晴れるくらいのメリットしかありません。代わりに、ミスをしたメンバーだけでなく周囲のメンバーもどんよりとモチベーションが低下します。

そんなときは、まずは大きく深呼吸しましょう。そして、失敗したメンバーの気持ちになってください。失敗した当事者の気持ちになるのです。あなたよりもずっと立場は弱く、大きな失敗であればあるほど、どうしたらよいかもわからず頭が真っ白になっています。

真の原因はメンバーにない場合がほとんど

ミスを犯そうとして犯す人はいません。

しかも、そのミスはそのメンバーだけに原因があるのではなく、その背後にミスを誘発するような環境的な問題や組織的な要因が隠れているものです。**たまたま最終的にミスを犯したのがそのメンバーだった**にすぎず、ほかの人、たとえばあなた自身がミスを犯していた可能性だってあるでしょう。

たとえば本来3人でするべき業務を、予算が足りないので1人で頑張ってもらっていた。それにより休暇不足で慢性的な睡眠不足になり、注意力散漫になってミスを犯した……これは担当者の問題でもありますが、マネジメントや組織の問題でもあります。

そうした真の原因もわからないうちに、メンバーを責めすぎてはいけません。

リーダーが声を荒げて非難すれば、そのメンバーがミスの犯人として確定してしまいます。

直接的にミスした人を犯人にすることで一件落着となり、真の原因を放置することになりかねません。

メンバーのミスの報に接しカッとなったときこそ、**深呼吸して落ち着いて、メンバーに対して「大丈夫だったか?」のいたわりのひと言をかける**ようにしましょう。なぜなら、一番傷ついているのはミスを犯したメンバー自身だからです。

そのひと言が、メンバーやその周囲のメンバーを「なんとしても、リカバリーを頑張るぞ！」「このリーダーについて行こう！」という気持ちにさせます。

そして、メンバーが前を向いて、正直に前後の事情を話してくれることも期待できます。

将来の再発防止策の作成においても、あるいはプロジェクトの品質向上においても、ミスの発生状況や真の原因を正確に把握することは大事なポイントです。重大なミスであればあるほど、そこから学ぶべきことは多くあります。

二度とミスを起こさないためにも、怒鳴り散らすなどの不要なステップを踏まないようにしてください。

3秒でポイントチェック

メンバーが大きな失敗をしたときは、怒鳴ったり、声を荒げて非難したりしてもなんのプラスもない。その後のメンバーの行動を前向きなものにし、チーム全体のモチベーションを維持するためにも、意識して怒りを抑え、ねぎらいの言葉から始めるようにしよう。

「ミスから何を学んだ？」と視線を前に向けさせる

忘れられない出来事があります。

それは私が50歳を迎えた年に起きました。それまでの人生のなかでも有数のピンチでしたが、今となっては私の人生を何倍も幸せにしてくれた「感謝すべき出来事」でもあります。

その年、私は大変な問題を抱えて大赤字となった、あるプロジェクトの火消し役に任命され、さまざまな問題の解決に日夜奔走していました。

もともとのプロジェクトのメンバー数は50名程度でしたが、私が入ったときにはサービス開始の延期が決定され、トラブル対応のために何度も増員をしと、なんと600名超にまで人員が増えていました。

私はこのプロジェクトを立て直すために、クライアントと密に連携を取り、チームを叱咤激励しました。トップダウンスタイルで陣頭指揮に立って対応を続けました。有名な健康飲料のキャッチコピー、「24時間、働けますか」そのままの状態で走り続けていました。

その甲斐もあって、無事にサービスの開始を実現でき、サービス開始から3か月後、事前に設定されていた特別保守態勢の最終日を迎えたのです。

「今日1日、何事もなくシステムが稼働してくれれば、明日からは態勢を大幅に縮小できるぞ」と思っていた最終日、まさにその出来事が起きました。

突然、システム上のすべての処理が異常終了したのです。

「なんたることか！」と私は天を仰ぎました。クライアントも血相を変えています。

当たり前です。何しろ、クライアントの業務がすべて異常終了しているのですから……。

システムを復旧するには、何が起きたのか、どこに異常終了の原因があるのかを最優先で調べなければなりません。

結果、業務用のサーバーの保守をしているメンバーが、本来触れてはならないとされているサーバー上で、誤った処理をしてしまったことがすぐに判明しました。

ありえないことです。信じられませんでしたが、業務の復旧が最優先です。

誤った処理の影響を元に戻し、異常終了した業務を再起動させて、トラブル発生から1時間後には復旧を完了させました。

幸い、一般の利用者にまでは影響が及ばなかったことと、復旧が早かったことで、クライアントの業務への致命的な影響までは発生しませんでした。

しかし、影響が少なかったからといって、ごめんで済む問題ではありません。大問題です。

本来、該当のサーバーで作業をする際には、事前に申請を出し、許可を得た場合にしか触ってはいけないというルールがありました。メンバーがそれを破ったのです。

プロジェクトの責任者であった私も、当然ながらクライアントからきつく叱られ、原因をつくったサーバーの保守担当者についてはプロジェクトから即刻外すように言われました。

ちなみにこの保守担当者は新人というわけではなく、経験豊富なベテランで、役職者でもありました。

またこのときのトラブル以外でも、このクライアントは何か重大な問題が起きたときには、問題を起こした当事者を出入り禁止にする文化が昔からありました。私もこのときまでは、出入り禁止を指示されるとその指示に従い、すぐに担当者を外していました。

しかしこのときは、クライアントに頼み込んで、その担当者をすぐにプロジェクトから外すことをしませんでした。

なぜなら、その担当者が日頃から、このプロジェクトをよくするために必死に頑張ってきた姿を見ていたからです。トラブル続出で延期を繰り返す炎上状態のなか、サービス開始までこぎつけられたのは、何よりもこの担当者の頑張りがあったからでした。

今回の信じられない行動は、何かよほどの理由があったに違いないと私は考えました。

その理由も聞かずにプロジェクトから追い出してしまったら、自分自身も後悔するし、このプロジェクトの今後にとってもプラスにならないと考えたのです。

もう一つ、こんなに厳しいプロジェクトで、これまで心身を削り頑張ってくれた仲間を、たった1回ミスをしたからとプロジェクトから外してしまったら、彼の今後のキャリアに取り返しのつかない負の影響を与えてしまうかもしれない、とも想像しました。
そんなことはしたくないと考えたのです。

失敗に一番責任を感じているのはメンバー自身

トラブル発生の当日は、私はクライアント対応や復旧対応に追われ、その保守担当者と直接話せたのは翌日でした。

クライアントや社内の幹部にもこっぴどく怒られたあとでしたから、担当者を叱りつけたい気持ちももちろんありました。

しかし、彼と直接向かい合ったら、責めることなどできなくなりました。

担当者は自分の起こしてしまったトラブルの重大さに責任を感じ、涙を浮かべながら「とんでもないことをしてしまいました。迷惑をかけてすみません」「首にでもなんにでもしてください」と私に訴えたのです。

私はこのとき、初めてわかりました。**何かミスをしたとき、リーダーが責める以上に、メン**

バー自身が一番自分を責めている、と。

今回はこのような極端に重大な障害だったから、担当者もリーダーである私の前でストレートな感情を表に出せましたが、もっと小さなレベルのミスでも、表には見せていないだけで、担当者はミスを犯してしまった自分を誰よりも責めているのです。

そこで私が追加で彼を叱りつけても、どこにもプラス要素は生まれません。

そう思った私は、叱りたい気持ちよりも、**担当者にミスをさせてしまった自分の力不足**を感じました。

ふがいないリーダーの下で、困難なプロジェクトにここまで頑張ってきた担当者に、むしろ感謝する気持ちになったのです。

「君も大変だったよな」

「これまで、このプロジェクトのために本当に頑張ってくれて、感謝している」

「だから、プロジェクトから外すことはしない。辞めることはいつでもできるから、自分自身の今後のミスを防止するためにも、またプロジェクトのためにも、なぜ今回のミスが起きたのか詳しく話してもらいたい」

そう声をかけました。

叱責されること、出入り禁止になることを覚悟していた担当者は、私の言葉にとても驚いた顔をしましたが、徐々に落ち着きを取り戻して当時の状況を話してくれました。

トラブル発生の理由は単純で、その日で特別保守態勢が解除されるのに伴い、サーバーの保守担当をクライアント側に引きわたすことになっていました。そこで「立つ鳥、跡を濁さず」の精神で、サーバーの作業環境を整理しようとしたそうです。

本来であればその作業にも許可を得なければいけないのですが、特別保守態勢の最後の日ということで、私がクライアント対応などに忙しいだろうからと報告をせずに作業してしまった、ということでした。

いかなる理由があっても、ルールを破ってはいけません。しかし、そんな理屈どおりに世のなかが回っていれば誰も苦労しません。

担当者がリーダーに細かい報告を上げにくい環境や、ミスが生じやすい環境を、リーダーである私自身がつくってしまっていたのではないか。今朝、たとえば電話連絡を1本していたら、事前に相談してくれていたのではないか、などと後悔しました。

該当のサーバーはプロジェクトルームのあったオフィスから20キロ以上離れた郊外のデーターセンター内にあり、担当者を含めて３人のチームで保守していました。

システム内の重要な処理が早朝４：30から始まるために、彼らにはホテル住まいをしてもらい、朝４時にはマシンルームに入ってもらっていました。

小人数で、しかもまだ暗い時間から見てもらうので、私も彼らと同じようにホテル住まいをしながら、朝４時にはプロジェクトルームに入って真っ先に電話連絡をして、「元気ですか〜」と朝の挨拶で声がけし、合わせてちょっとした雑談をするのが日課でした。

しかし、彼らが安定してきていたことと、私が毎朝一番に電話すること自体が彼らにプレッシャーをかけているのではないかと気になり、特別保守態勢が終わる３日ほど前から電話をするのを控えていたのです。

そんなことは考えずに電話を続けていたら、彼は事前に相談してくれたのではないだろうか。そうしたら、「その作業は、事前にしっかり申請を出してからじゃないとダメだよ」と指導できていたのではないかと考えると、悔しくて涙が止まりませんでした。

ミスからプラスを引き出す方法

「誰もミスを犯したくて犯す人はいない」

「なぜ、ミスが起きてしまったのか。本当の原因は何か。それを担当者としっかり話せているか？」

私が今でも尊敬している、あるNEC役員の言葉です。

人は困ったときほど人間性も出ますし、得るもの、わかることも多いものです。

どんな窮地に陥ったときでも、メンバーを責めるのではなく「ミスは成長の糧《かて》だ。**今回の失敗から何を学んだ？**」と視線を前に向けさせるようにしましょう。

難しいことですが、そうしてこそトラブルやミスからプラスを得ることができます。そうでなければマイナスしか残りません。

ミスをしたという後悔を糧に、どうすれば防げたのか、何をしなければいけなかったのか、それを学んでいきましょう。人は未来のことを考えるとき、自然とアドレナリンが脳内で分泌されて、力が湧いてくるようにできているそうです。

このトラブルの担当者は、その後もプロジェクトに残ってくれて、失敗を糧に学んだことを再発防止策としてまとめ、その知見をプロジェクト全体に広げてくれました。

まさに実際の失敗からの再発防止策なので、中途半端な「あるべき論」以上にその後の品質向上に役立ってくれました。

同時に、このトラブルは上司でありプロジェクトリーダーであった私にとっても、トップダウンスタイルだけでのマネジメントの限界を認識させ、現場で頑張っている担当者の声を聴き、担当者の自尊心ややる気を高めることがどれだけチームの力を大きくし、またトラブルを予防するかを印象づけた大きなきっかけとなりました。

引いては、マネジメント方式の転換だけではなく、私の人に対する接し方すべてに影響を与える出来事でもありました。感謝の気持ちを教え、人生を豊かにしてくれた出来事です。

障害発生の瞬間には、「なんてことをしてくれたのだ！」とはらわたが煮えくり返りましたが、今は当時の担当者にも本当に感謝しています。

最近では自分自身、何かミスをしたときには「ミスは成長の糧、何を学んだ？」と自問自答するようになりました。

その結果、ミスをするのがいい意味で怖くなくなり、挑戦できることが増えました。
みなさんもぜひこの問いかけを、ミスをしたメンバーに、さらには自分にもするようにしてください。

3秒でポイントチェック

ミスをしたメンバー自身が、一番自分の責任を感じている。リーダーがさらに責めたり叱ったりしても、プラスの要素は何もない。失敗から何を学んだかを聞き出し、得られた知見をチーム内で共有しよう。

トラブっているメンバーは、まずはお腹を満たしてやる

私がNECに入社した年には、新入社員研修が4月から6月まで3か月間ありました。その後、7月に社会人として初めて配属された部署は、民間の製造業企業を顧客とする部署でした。

配属と同時に新人1人に先輩が1人ついて、ワンツーマンで実践を積むOJT（On the Job Training：オン・ザ・ジョブ・トレーニング）が始まりました。このOJTは約1年間、継続されました。

配属から半年ほどが過ぎ、職場や仕事にも少し慣れてきた頃、OJTの先輩から「来週のA

社への訪問は、あなた一人で行ってきて」と言われました。

そして、「あなたは五十嵐さんでもあるけど、お客さまから見たら【NEC】だから。あなたの言動で【NEC】がよくも悪くも評価されるから、【NEC】の代表として頑張ってきて」と言われました。

新人1年目の私にはとても響く、重い言葉でした。それ以来、日常生活を送っていても、どんなときにも、常にその言葉を意識して頑張ってきました。

新人のうちは先輩がやるのを見てマネていればよかったのが、一人でお客さまへの対応もシステム対応もしなければいけません。

「この自分がNECの代表？　そんなの無理、無理！」と心のなかでは悲鳴を上げていましたが、表面上は「頑張ります！」と空元気で返事をしたものです。

当時は若く、実力もなかったのですが、若さゆえの怖いもの知らずで「俺は【NEC】の代表なのだ。頑張るぞ！」と湧き上がるものもありました。本当に、単純です。

深夜の援軍の頼もしさ

そうして、一人での初めての顧客対応を無事に終え、それからは顧客先に単独で行くことが増えました。

2年目となり、後輩社員も入り、仕事にも少し自信がついてきた頃です。

ある顧客先で、オフィス・コンピューターのバージョンアップ作業の仕事が入りました。

昼間は顧客先が業務で使用している機械ですから、作業時間は平日夜間の22時〜翌2時までのスケジュールとされました。翌朝7時には顧客先での業務使用が再開するので、そこまでには何があっても終わらせる必要がある仕事でした。

作業当日、顧客との最終打合せや準備のために17時に現場入りしました。

そして作業開始時間の22時になりましたが、顧客の業務が伸びて少し待ってほしいと言われ、結局、作業を開始できたのは当初予定より2時間遅れの24時でした。

そうして作業を開始して40分ほど経った午前1時前、マニュアルに記載されていないエラーメッセージがコンピューターのモニタ画面に現れ、そこからまったく先に進めなくなりました。深夜のためにエンジニア部隊にも連絡が取れず、一人であれこれ確認しながら試行錯誤しましたが、どうにもうまくいきません。

時間が進むにつれて、焦りで頭のなかが真っ白になっていきます。

そのときです、ＯＪＴの先輩から電話がありました。

状況を報告すると、

「そうか、わかった。今までの経験を生かして、落ち着いて対応してくれ」

「何があっても顧客のデータだけは壊すなよ。また、電話する。頑張ってくれ」

と言って電話が切れました。

先輩と話して、そのときは少し落ち着くことができ、とにかく自分ひとりでできる対応をし続けました。しかしながら状況が変わらないまま時間が過ぎ、ふたたび心のなかに不安が吹き荒れ始めます……。

突然、私の背後から「どうだ、状況は？」と先輩の声がしました。先輩が深夜にタクシーで現場に駆けつけてくれたのです。手にはコンビニの袋を抱えていました。そして、

「少し休憩しよう。お茶とおにぎりを買ってきたぞ」
「私はバージョンアップについては何もわからないので、技術的なサポートはできないけど、手伝えることがあれば言ってくれ」

と励ましてくれたのです。

直接来てくれるとは思っていなかったので本当にびっくりし、言葉に表せない安心感や嬉しさを感じました。

バージョンアップがうまくいかず、このまま朝になり、顧客の業務に影響を与えてしまったらどうしよう、と胸が張り裂けそうな不安を一人で抱えていた私は、このとき先輩が来てくれたことでどれだけ救われたか、どれだけ嬉しかったか、定年を迎えて退職した今でも、いまだにときどき思い出します。

それは、自分は一人ではない、と思えたからだと思います。

先輩も、私に任せた仕事がうまくいかなければ自分の評価に影響するので来てくれた、と言えばそれまでかもしれません。

しかし仮にそうであっても、タクシーを飛ばして、お茶とおにぎりまで買ってきてくれた先輩の姿から私への思いやりが伝わり、私にとても大きな力を与えてくれたのです。

先輩が持ってきてくれたおにぎりを食べ、お茶を飲んだことで、お腹が満たされて気持ちも落ち着き、安心して作業を再開できました。

その後、エラーの原因もわかり、無事にバージョンアップ作業を完了できました。

作業が完了したのは朝の6時、業務開始まであと1時間という際どいところでした。

ぎりぎりでしたが顧客業務に間に合わせることができたので、晴れやかな顔で顧客にも報告でき、お礼を言われて家に帰ることができました。

最後のピースは理屈ではない

あのとき先輩が来てくれなかったら、私は一人で苦しんでうまく対応することができず、顧客に大迷惑をかけていたでしょう。

当時の私は、この先輩と一緒に働けて本当に幸せだと感じました。「一人じゃない、一緒にトラブルを乗り越えよう」と行動で示してくれたからです。もともと信頼していた先輩ですが、この一件以来、この先輩に対する私の信頼はゆるぎないものになりました。

メンバーが「このリーダーについていけるか／いけないか」を判断するときの基準は、**理屈ではありません。**

窮地に陥っているメンバーや仲間がいれば、細かいことはわからなくても何か「差し入れ」をしてあげて、お腹を満たしてあげる。そうすることで、相手に自分は一人ではないと気づかせ、安心させましょう。

リーダーとして決して放置しないし、見捨てない姿勢を示すことで、メンバーからの本当の信頼を勝ち取ることができるでしょう。

3秒でポイントチェック

トラブルに陥ったときに助けてくれるリーダーをメンバーは信頼する。専門的な部分での協力ができないとしても、一緒に難局に立ち向かうだけでいい。

30秒でこの章のまとめ

☑ メンバーが失敗したときは、怒りたくなる気持ちを押さえて、まずは「大丈夫か？」と相手をいたわることが大事。

☑ ミスしようとしてミスする人はいない。ミスの責任を責めるよりも、なぜミスが起きたのか、どうすれば防げたのかに注目し、視線を前に向ける。担当者を吊し上げたところで何のプラスにもならない。

☑ トラブル時などの修羅場では、たとえ大したことはできなくても、そばに寄り添い、リーダーとして最大限にサポートすることを明示するだけでも、メンバーの安心感がまったく異なる。

おわりに

最後までお読みいただき、ありがとうございました。

本書でも何度かお伝えしたように、私はＮＥＣという巨大な会社で長年、国家の基盤にもなる失敗の許されない大規模プロジェクトを率いてきました。

当初はプロジェクトのメンバーが決してミスをしないように、チェックシートや業務マニュアルを活用し、トップダウン色が強いマネジメントをしていました。

当時のメンバーのみなさんの頑張りもあり、それらのプロジェクトを成功に導くことはできましたが、チームのメンバーにいつも生気がなく、元気もなく、何よりも自分もメンバーも仕事をしていてあまり楽しくない、ということがずっと気になっていました。

そこで、それまでのマネジメントのスタイルにボトムアップの要素も組み入れて、メンバーの一人ひとりに寄り添う方式に変えました。結果、彼らのモチベーションを引き出し、成果や業績を明るい気持ちで追い求められる環境に改善できたのです。

どんなに制約のある仕事であっても、一人ひとりの創意工夫が生かせる道は必ずあります。

そんなことも、ＮＥＣには学ばせてもらいました。


誤解する人がいますが、これはリーダーがメンバーの顔色を窺って、メンバーにおもねる、ということではまったくありません。

メンバーはリーダーの鏡であり、リーダーがメンバーを信頼すれば、メンバーもリーダーを信頼してくれます。メンバーの一人ひとりを尊重して、どこまで信頼できるか――それだけのことです。

信頼して任せたことで失敗する場合もありますが、それはすべて、リーダーが自分の責任として受け止めるしかありません。

なぜリーダーがそこまでしないといけないのか？　と思うかもしれませんが、そうしていかないと、メンバーも、組織も、そしてリーダーも成長しないからです。

今はリーダーが「君のためだから」などと言って無理強いをしても、メンバーが感情的に受けつけなければ、すぐにパワハラやモラハラとされてしまう時代です。

信頼関係ができていればそんなことにはならず、多少無理なことを言ってもメンバーは応えようとしてくれるのですが、そうした信頼関係を築くにも、結局はボトムアップの要素をマネジメントに組み込んで、メンバー一人ひとりに向き合う必要があります。

本書ではボトムアップに重点を置いて説明してきたため、うまく伝わっていないかもしれませんが、プロジェクトを成功させるためには、もちろんトップダウンの要素も必要です。

なぜなら、会社だから、組織だからです。トップの方針があって、それに沿って仕事をして、初めて意味のある活動になります。

トップダウンは必要だけれども、ボトムアップの要素をそこにどれだけ入れ込めるかで、メンバーもリーダーも、仕事人生における豊かさや成長が本当に変わってきます。NECという会社で、私はそれを何度も実感してきました。

そしてこれは、会社生活だけではなく、家族との関係性やプライベートな友人との関係性でも同じことです。自分自身の内省が、人生すべてを豊かにしてくれます。

本書が書けたのは、私の社会人人生を支えてくれたNECという素晴らしい会社と、そこで出会った多くの方々のおかげです。かつての上司、メンバー、同僚、クライアント、ビジネスパートナーの方々……これまで縁を結んでいただいたすべての方に、大きな感謝を捧げたいと思います。

また、商業出版という輝かしくも奇妙な世界の扉を開け、初出版にまで導いてくれたネクストサービス株式会社の松尾昭仁先生、大沢治子さま、並びに関係者のみなさまにも感謝いたします。

出版の機会をいただいた株式会社すばる舎のみなさま、特に私にとっては初めての執筆に、最後までお付き合いいただきご指導いただいた菅沼真弘編集長には深謝します。

そして、いつも私を支えてくれる家族に心から感謝します。本当にありがとう。

最後になりましたが、本書を手に取ってくださったあなたにも心から感謝申し上げます。私に少しでも興味を持ってくださったなら、本書の感想などを送っていただけたら幸いです。

50arashi@msj.biglobe.ne.jp までご連絡ください。多少、お時間はかかるかもしれませんが、お返事させていただきます。

また、Facebookも実名の「五十嵐剛」で登録しております。ぜひ「本を読みました」とメッセージを添えて、お友達申請をお願いします。

この本には、私がさまざまな失敗を通して経験から学んだことを記しています。

頭ではわかっていても、自分自身いまだにここに記したとおりにできないときもあり、失敗の連続です。

しかし私の失敗から得た教訓が、今現在のリーダーや未来にリーダーとなる方々の力に少しでもなれば、と祈っています。

あなたもメンバーもイキイキとして、一人ひとりが輝くチームになり、その輪が広がって日本がもっと元気になれればと強く祈っております。

今後も私自身、経験を重ね、少しでもみなさまのお役に立てるようになりたいと思います。

引き続き、どうぞよろしくお願いいたします。

〈著者略歴〉　**五十嵐 剛**（いがらし・つよし）

株式会社リーダーズクリエイティブラボ　代表取締役 CEO
いきいきチーム創り仕掛け人

国際コーチ連盟 IFC 認定・システムコーチングプロ（ORSC）／上級心理カウンセラー／ PMP（Project Management Professional）／情報処理学会 認定情報技術者／ IT コーディネーター

長野県東御市出身。大学卒業後、長野市にある NEC のグループ会社に就職。いくつかの製造業ユーザーを担当後、NEC 本社に逆出向。実績が認められて移籍し、某官庁の大規模システムプロジェクトを担当する。年間売上 600 億円、メンバー 1000 人を超えるプロジェクトのリーダーとして、トップダウン型のマネジメントで社内外の期待に応える。

2001 年、グループ 12 万人のうち 100 人だけが選ばれる NEC 社長賞を受賞し、39 歳で部長に昇格。

2007 年、日本の総人口の 2 割相当が利用する某公共機関の大規模システムの改変を担当。当時の小泉総理にも直接、システムの紹介をする。2009 年に二度目の社長賞を受賞。

実績を買われ、数十億円の大赤字を出していたプロジェクトの火消し役に任命。365 日・24 時間働くようなスタイルだったために突発性難聴を発症し、右耳聴力を失う。それでも事態は改善せず、プロジェクトが機能しなくなる危惧を覚えて上司に相談したところ、叱責ではなく現場を第一に考える「リーダーの在り方」に触れ、人生の転機となる。以来、的確に指示を行うトップダウンと、メンバーをリスペクトして一緒に考えるボトムアップを組み合わせるマネジメントスタイルへと切り替える。すると、わずか半年でプロジェクトが生まれ変わり、業績も V 字回復。2015 年に 3 回目の社長賞を受賞。

この体験から、NEC グループ全体のマネジメントスタイルについて新しい提案をしたいと社長に直訴し、会社変革組織を設立して初代室長を拝命。改革活動が評価され、2016 年に前例なき 4 回目の社長賞受賞。

2023 年に NEC を定年退職、株式会社リーダーズクリエイティブラボの代表取締役 CEO に就任。チームを自律に導くリーダーの育成や、結果を出すチームビルディングについて支援している。本書が初の著書。

趣味は寺社仏閣巡りと御朱印集め、日本酒と蕎麦、ビールとラーメン。ラーメンは自作ラーメンも入れて年間 300 食以上食す。

▶株式会社リーダーズクリエイティブラボ
https://leaders-clab.com/

※本書の内容は著者個人の考え・経験を綴ったものであり、所属した企業・団体の事業内容や方針を示すものではありません。

結果を出すチームのリーダーがやっていること

NECで学んだ高効率プロジェクトマネジメント

2024年 5月21日　第1刷発行
2024年 8月20日　第4刷発行

著　　者――五十嵐 剛
発 行 者――徳留 慶太郎
発 行 所――株式会社すばる舎
〒170-0013　東京都豊島区東池袋3-9-7　東池袋織本ビル
TEL　03-3981-8651（代表）　03-3981-0767（営業部）
FAX　03-3981-8638
URL　https://www.subarusya.jp/
企画協力――松尾 昭仁（ネクストサービス株式会社）
装　　丁――池上 幸一
編集担当――菅沼 真弘（すばる舎）
印　　刷――株式会社光邦

落丁・乱丁本はお取り替えいたします

ISBN978-4-7991-1230-4